思维对了，订单就来

颠覆外贸底层逻辑

老A/著

中国海关出版社有限公司
·北京·

图书在版编目（CIP）数据

思维对了，订单就来：颠覆外贸底层逻辑 / 老 A 著.—北京：中国海关出版社有限公司，2020.1
ISBN 978-7-5175-0381-1

Ⅰ.①思… Ⅱ.①老… Ⅲ.①对外贸易—市场营销学 Ⅳ.①F740.4

中国版本图书馆 CIP 数据核字（2019）第 189453 号

思维对了，订单就来：颠覆外贸底层逻辑
Siwei Dui Le, Dingdan Jiu Lai: Dianfu Waimao Diceng Luoji

作　　者：老 A
策划编辑：马　超
责任编辑：吴琳旖
责任监制：赵　宇

出版发行：中国海关出版社有限公司

社　　址：北京市朝阳区东四环南路甲 1 号	邮政编码：100023
网　　址：www.hgcbs.com.cn；www.hgbookvip.com	
编 辑 部：01065194242-7589（电话）	01065194234（传真）
发 行 部：01065194221/4238/4246/4227（电话）	01065194233（传真）
社办书店：01065195616/5127（电话/传真）	01065194262/63（邮购电话）
印　　刷：北京鑫益晖印刷有限公司	经　　销：新华书店
开　　本：710mm×1000mm　1/16	
印　　张：13.25	字　　数：215 千字
版　　次：2020 年 1 月第 1 版	
印　　次：2020 年 1 月第 1 次印刷	
书　　号：ISBN 978-7-5175-0381-1	
定　　价：58.00 元	

海关版图书，版权所有，侵权必究
海关版图书，印装错误可随时退换

序

2013年9月和10月，习近平主席先后提出共建"丝绸之路经济带"和"21世纪海上丝绸之路"的重大倡议。6年来，随着"一带一路"倡议的不断落实，中国对"一带一路"沿线国家和地区的进出口贸易额不断增长，这给我国的企业和相关外贸人员带来了更多的机遇。企业参与"一带一路"倡议离不开人才，尤其是熟悉国际贸易政策和市场的销售人才。

中国传统外贸从业人数不超过500万人，大部分集中在上海、山东、江苏、浙江、福建、广东等沿海地区。中国内地约有3 000万家中小企业，但企业要招到优秀的国际市场销售人才十分困难。

每个企业都想把"超级外贸人"纳入麾下，以便开拓国际市场，因此争夺外贸人才是企业能否参与分享"一带一路"倡议红利的关键因素。

一、这是一本什么样的书

《思维对了，订单就来：颠覆外贸底层逻辑》是一本助外贸人成长、修炼和进化的工具书，由神器、决胜、极速、复盘、进化五章组成，逐层递进、环环相扣。全书配有200多张思维导图和相关图片，以便读者快速理解和应用。

外贸业务是十分考验人身心承受力的工作。你是否有这样的感觉，似乎每天忙到头脑爆炸，但一天下来又觉得没做成什么事情，还被老板催问询盘什么时候有，订单什么时候下，客户的钱什么时候付，瞬间感觉身体被掏空？

为什么你每天像一个消防队长，随时准备去灭火，生怕哪里出问题，而你隔壁的老王却可以每月询盘不断，喝着咖啡，气定神闲，有条理地处理着订单，经常出国拜访客户，还不忘给公司女同事带点小礼物？

二、这本书的布局与主要内容

神器：让我们学会运用思维导图，快速提升逻辑思维能力，迅速打通销售、策划、沟通等多个外贸业务相关的环节。

2003年，我大学毕业后第一份工作是跟单。跟单是外贸业务环节中最基础的一个环节。16年来，外贸工作的每个环节如同电影，历历在目。工作的前两年，我用的是传统的单一线性工作模式，很拼命、很努力地消化知识，做好每件事情，虽然收入不少，但身心疲惫，每天忙完，两眼发直，头脑发木。如果不是年轻、精力旺盛，根本扛不住这样的消耗。

创业后，我接触了思维导图，瞬间感觉任督二脉被打通，思维方式彻底改变，连续三次创业，横跨三个行业（外贸、网络营销、在线教育），都获得了丰厚的收益。

思维导图可以帮助我们克服传统线性和无序工作模式的缺点，将我们工作中分散的事情整合到一张图里，让我们可以在10分钟内迅速安排好一天的工作，同时提升逻辑思维能力，即使工作再繁杂，也可以高效地执行工作计划，提升销售效率，改善沟通能力，节省大量的时间和精力，达到"一分投入，十倍回报"的效果。

决胜：让我们学会将思维导图运用到外贸业务的具体场景中，制定高效的客户开发策略，制订市场开发计划及其落实步骤。

极速：在这个生活被各种社交APP占据的时代，我们用来认真做事的时间显得特别珍贵，因此在这一章我介绍了时间使用原则和各种时间管理工具，可以极大地提升时间利用效率。

复盘：通过个人复盘四个绝招、团队复盘六步曲，增强超级外贸人的软实力，让我们算无遗策，业绩倍增。

进化：以超级外贸人进化论为基础，完成业务员—创业者—投资者的三级进化，让读者具备知识融合能力、创业思维和洞察力，以及金融思维和投资思维。

三、为什么要写这本书

思维方式是一个人的"操作系统"，改变思维方式就像升级到更高级别的操作系统，让行动更快捷、工作更流畅，通过改变思维模式能够扩大视野和提升格局。

希望《思维对了，订单就来：颠覆外贸底层逻辑》可以成为外贸人提升外贸业务能力，扎根"一带一路"城市群，启发工作、创业和生活思路的启蒙工具书。同时愿本书成为一块铺路石，为填补中国优秀外贸人才的缺口添砖加瓦。

四、这是一本立体书

《思维对了，订单就来：颠覆外贸底层逻辑》是一本三维立体书，读者除了可以阅读文字之外，还可以通过扫描书中的二维码，观看应用视频，达到边学习边实践的效果。

本书不是一本"死书"，而是读者和作者进行交流的一个媒介，读者可以通过添加作者的微信"acefob"和微信公众号"侠商"加入读书交流群，共同进步。

因时间仓促，作者水平有限，本书难免有不足之处，欢迎读者批评指正。

老 A（刘裕）

2019 年 4 月于深圳

目录 CONTENTS

第一章 | 神器——利用缜密思维导图，事半功倍

第一节 思维导图在外贸工作中的作用 / 03
一、思维导图可以帮我们做什么 / 03
二、思维导图在外贸业务中的应用要点和场景 / 05

第二节 思维导图工具介绍 / 08

第三节 思维导图基本制作方法 / 10
一、如何新建思维导图和建立标题 / 10
二、如何添加一级分支、二级分支、同级分支 / 10
三、如何添加内容 / 11
四、如何变更分支位置 / 12
五、如何添加备注 / 12

第二章 | 决胜——外贸实战，思维制胜

第一节 用领英找客户，开启社媒营销新思维 / 17
一、通过领英我们能做什么 / 17
二、通过领英开发客户思维导图 / 17

三、通过领英开发客户基本步骤 / 18

四、通过领英获取有价值的客户信息 / 21

五、精准获取客户公司关键人的邮箱 / 25

第二节　有效制订参展计划 / 29

一、为什么要参展 / 29

二、如何有效进行展会规划 / 30

第三节　有效制订客户拜访计划 / 43

一、为什么要拜访客户 / 43

二、如何有效进行客户拜访 / 43

三、拜访后的总结 / 51

第四节　有效制订客户来访应对计划 / 52

一、为什么要重视客户来访和制订应对计划 / 52

二、如何顺利完成客户来访接待工作 / 52

第五节　大客户开发模式起底 / 59

一、为什么要研究客户公司的组织结构 / 59

二、如何开发大客户 / 59

第六节　成功避开风险的学问 / 64

一、政治风险 / 65

二、汇率风险 / 67

三、客户风险 / 67

四、付款方式风险 / 68

五、知识产权风险 / 69

六、贸易措施风险 / 69

七、运输风险 / 70

第三章 | 极速——令人叹为观止的提升效率的思维模式

第一节 时间就是金钱，效率就是生命 / 73

一、合理规划时间，别让它溜走了 / 73

二、如何规划时间 / 73

三、时间分类和使用原则 / 77

四、任务划分效率倍增思维 / 81

第二节 时间管理工具 / 87

一、工作学习工具 / 88

二、日常生活工具 / 91

三、服务及其他工具 / 94

第四章 | 复盘——超级外贸人的软实力

第一节 什么是复盘，为什么要重视复盘 / 99

一、什么是复盘 / 99

二、为什么要重视复盘 / 100

第二节 复盘的四个绝招 / 100

一、案例1 / 100

二、案例2 / 106

第三节 团队复盘六步曲，运筹帷幄，决胜千里 / 110

一、回顾目标 / 111

二、对比结果 / 112

三、复述事件 / 113

四、反思剖析 / 131

五、连续提问 / 133

第五章｜进化——穿越阶层进化论

第一节　一级进化，建立知识金字塔思维，开悟智慧 / 139

　　一、关于知识的错误思维 / 139

　　二、如何建立外贸领域知识金字塔 / 140

　　三、刻意练习思维，补充阴知识 / 145

第二节　二级进化，树立创业思维，涅槃重生 / 153

　　一、为什么要树立创业思维 / 153

　　二、如何树立创业思维 / 154

第三节　三级进化，财富传承思维，沉淀有形资产 / 177

　　一、为什么要树立财富思维 / 177

　　二、如何树立财富思维 / 177

第一章 CHAPTER ONE
神器——利用缜密思维导图,事半功倍

外贸日常工作思维导图

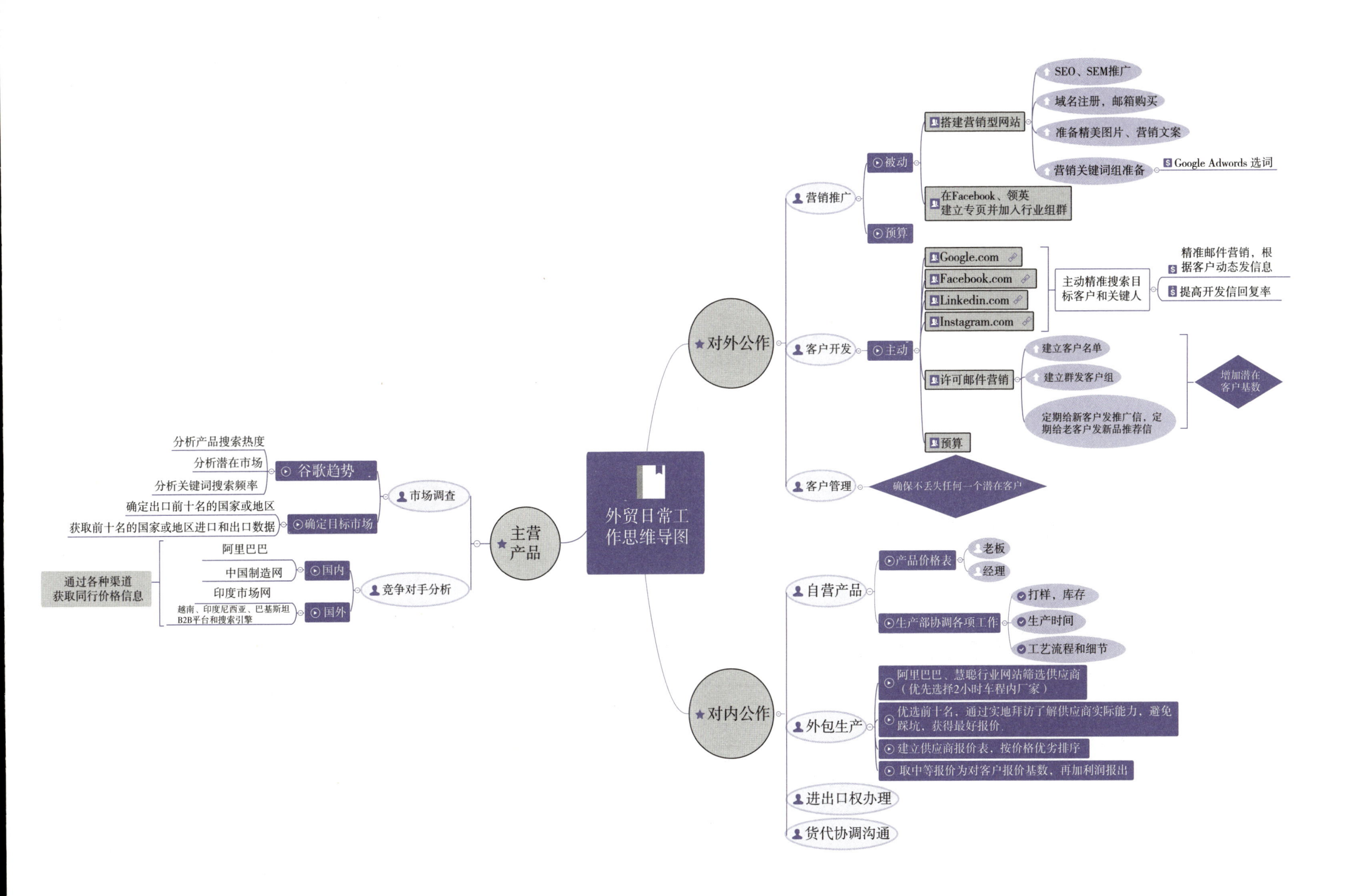

★ 对外公作

营销推广

被动
- 搭建营销型网站
  - SEO、SEM推广
  - 域名注册，邮箱购买
  - 准备精美图片、营销文案
  - 营销关键词组准备 — Google Adwords 选词
- 在Facebook、领英建立专页并加入行业组群

预算

客户开发

主动
- Google.com
- Facebook.com
- Linkedin.com
- Instagram.com

主动精准搜索目标客户和关键人
- 精准邮件营销，根据客户动态发信息
- 提高开发信回复率

许可邮件营销
- 建立客户名单
- 建立群发客户组
- 定期给新客户发推广信，定期给老客户发新品推荐信

→ 增加潜在客户基数

预算

客户管理
确保不丢失任何一个潜在客户

★ 主营产品

市场调查

谷歌趋势
- 分析产品搜索热度
- 分析潜在市场
- 分析关键词搜索频率

确定目标市场
- 确定出口前十名的国家或地区
- 获取前十名的国家或地区进口和出口数据

竞争对手分析

国内
- 阿里巴巴
- 中国制造网
- 印度市场网

国外
- 越南、印度尼西亚、巴基斯坦B2B平台和搜索引擎

通过各种渠道获取同行价格信息

★ 对内公作

自营产品
- 产品价格表
  - 老板
  - 经理
- 生产部协调各项工作
  - 打样，库存
  - 生产时间
  - 工艺流程和细节

外包生产
- 阿里巴巴、慧聪行业网站筛选供应商（优先选择2小时车程内厂家）
- 优选前十名，通过实地拜访了解供应商实际能力，避免踩坑，获得最好报价
- 建立供应商报价表，按价格优劣排序
- 取中等报价为对客户报价基数，再加利润报出

进出口权办理

货代协调沟通

外贸日常工作完整思维导图

第一章 神器——利用缜密思维导图，事半功倍

● **第一节 思维导图在外贸工作中的作用**

一、思维导图可以帮我们做什么

外贸业务工作细节繁多，千头万绪，外贸人经常无法集中精力开发客户，无法集中精力回复客户邮件，被其他看似非常紧急的事情干扰，从而中断手中的工作，等忙完了那些看似紧急的事情才发现，重要客户的邮件还没有回，报价单还没有发出去……看着日益稀疏的头发，我们只能仰天长叹："时间都去哪儿了？"

思维导图可以帮助我们解决外贸工作中的什么问题呢？

我们先看看外贸业务员日常工作的一些内容：

（1）了解公司的产品，能用通俗、流畅的语言介绍产品；

（2）写开发信推荐产品；

（3）通过谷歌找客户，维护客户，和客户保持良好的关系；

（4）了解外贸业务的基本流程；

（5）做产品目录、报价单、形式发票等；

（6）了解各种收款方式和其中的风险；

（7）学习与客户谈判的技巧；

（8）提高英语口语水平；

（9）参加展会；

（10）处理好与公司同事之间的关系；

（11）处理好与合作工厂之间的关系；

（12）分析竞争对手，了解对手的报价情况；

（13）学会产品营销，推广公司网站；

（14）学会运用社交网络开发客户。

当你看完这 14 项工作，在 1 分钟之内可以清楚地记住它们吗？哪些是主要工作？哪些是需要优先完成的？哪些是目前急切需要解决的？一般人是很难记忆和区分的。也许有人会说："我可以用四象限工作法，以紧急、不紧急、重要、不重要来区分。"但是你真的知道哪个紧急，哪个重要？就算你把它们放到四象限里，还是无法顺利地开展工作，因为无法搞清楚它们的逻辑关系，无法顺利安排每一步的工作。

思维导图可以帮我们做什么呢？思维导图可以把这些无序文字转换成图像信息（人类大脑天生对图像敏感）；可以快速传达核心内容，梳理无序的文字；可以帮助我们快速决策，避免做无谓的工作；可以帮助我们拓展思考问题的广度和深度，洞察机会。

我们可以用思维导图来展现外贸日常工作的一些内容，如图 1-1 所示。

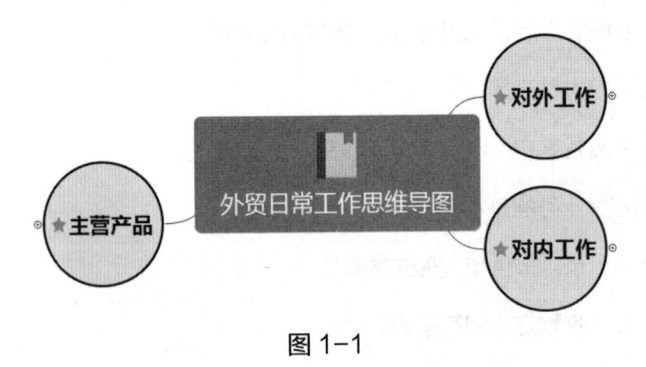

图 1-1

思维导图有四个特点：放射性思路、关键词、色彩、图像。

放射性思路通过树状结构和网状结构展开，和人类大脑的神经结构类似。

通过关键词展开分类关系，形成一个个节点（类似大脑的神经节），通过节点，再往下展开，比如我们可以把外贸业务工作分为对内工作、对外工作、主营产品三个大的节点。

二、思维导图在外贸业务中的应用要点和场景

应用场景：

当你入职一家新公司时，老板对你说："小李，你用两三分钟和我讲一下，结合我们公司的情况，你准备怎么开展工作，把我们公司的外贸业务搞起来？"面对老板（无论他是否熟悉外贸），怎么讲才能让他在几分钟内清楚地理解你的工作思路呢？

思维导图会帮助你展现强大的沟通能力，因为它包含了清晰的逻辑结构，如图1-2所示。

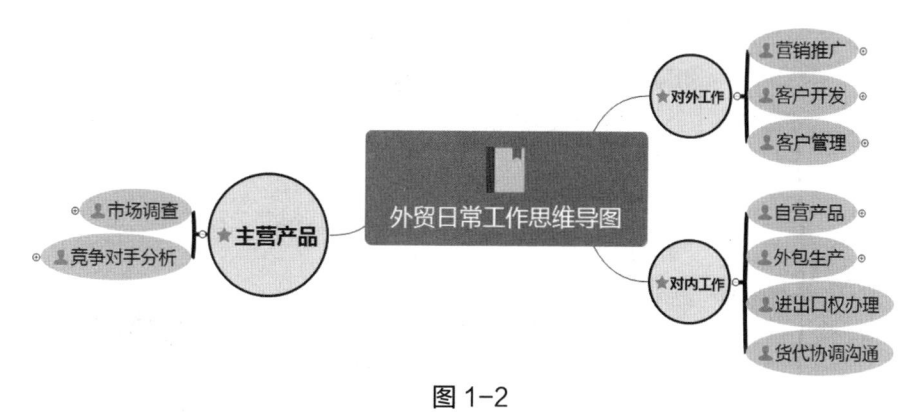

图1-2

（一）确定关键词

（1）对外工作：这类工作多跟客户、营销推广相关。

（2）对内工作：这类工作多跟工厂、货代协调相关。

（3）主营产品：这类工作多跟外贸人员的业务知识体系相关。

（二）展开关键词涉及的工作节点

1. 对外工作：营销推广、客户开发、客户管理

（1）营销推广

做法：主要采用纯线上营销，如搭建销型网站。

预算：省钱（花费在1000元以内，相对于B2B平台，可以忽略不计）。

（2）客户开发

通过社交网络和谷歌，主动精准搜索客户。

预算：零投资。

（3）客户管理

建立客户关系管理系统，随时跟进客户，不漏掉任何有价值的信息。

预算：1500元左右。

再进一步展开节点，我们就可以得到每个节点需要做哪些工作的思维导图。

对外工作思维导图展开效果如图1-3所示。

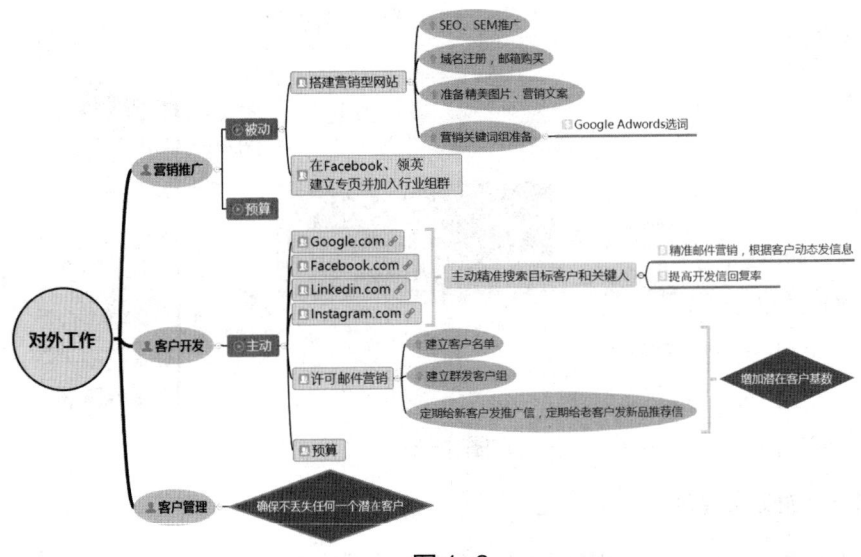

图1-3

2. 对内工作：自营产品、外包生产、进出口权办理、货代协调沟通

对内工作要注意以下细节。

（1）针对自营产品必须制作清晰的价格表，方便计算对外报价。同时需要协调好生产工作，熟悉工艺流程和细节等。

（2）如果是外包生产，就需要筛选供应商，选择最优的供应商合作。

（3）办理好进出口权，发展几家实力强的货代，确保货物将来能顺利出口，并降低货运成本。

对内工作思维导图展开效果如图1-4所示。

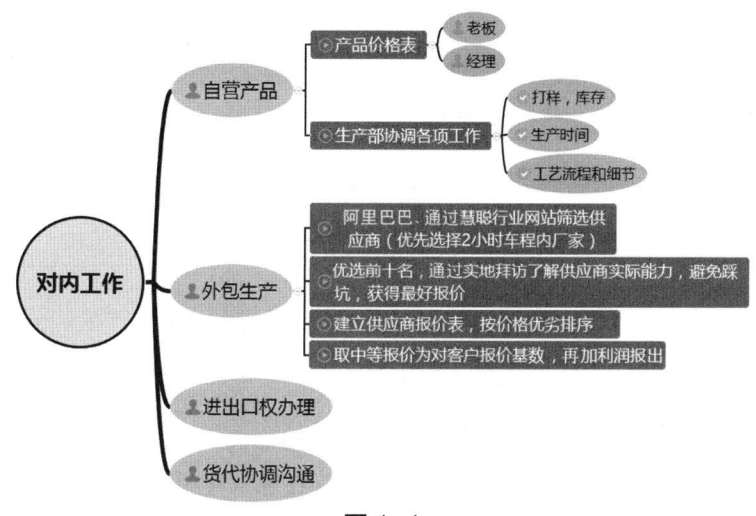

```
对内工作
├─ 自营产品
│    ├─ 产品价格表 ── 老板 / 经理
│    └─ 生产部协调各项工作
│         ├─ 打样，库存
│         ├─ 生产时间
│         └─ 工艺流程和细节
├─ 外包生产
│    ├─ 阿里巴巴，通过慧聪行业网站筛选供应商（优先选择2小时车程内厂家）
│    ├─ 优选前十名，通过实地拜访了解供应商实际能力，避免踩坑，获得最好报价
│    ├─ 建立供应商报价表，按价格优劣排序
│    └─ 取中等报价为对客户报价基数，再加利润报出
├─ 进出口权办理
└─ 货代协调沟通
```

图1-4

3. 主营产品：市场调查、竞争对手分析

针对主营产品进行的工作主要是通过充分的市场调查和对手分析，确定合适的价格和市场开发策略。

（1）通过谷歌趋势分析产品搜索热度，判断潜在市场情况。还可以通过海关数据确定本公司产品所属品类出口前十名的国家或地区，并获取这些国家或地区的进出口数据。

（2）通过国内B2B平台分析国内竞争对手。

（3）通过国外B2B平台和搜索引擎分析国外竞争对手。

对公司主营产品分析思维导图如图1-5所示。

通过一张思维导图，你就可以很清晰地向老板表述，你准备如何开展外贸工作。老板看着思维导图，听着你的表述，也可以很清晰地看到你工作的关键节点，如用了什么方法，预算是多少，成本是高还是低，哪些是他需要配合你的。利用思维导图，双方二至三分钟就可以沟通清楚，极大地提升了工作效率。

图 1-5

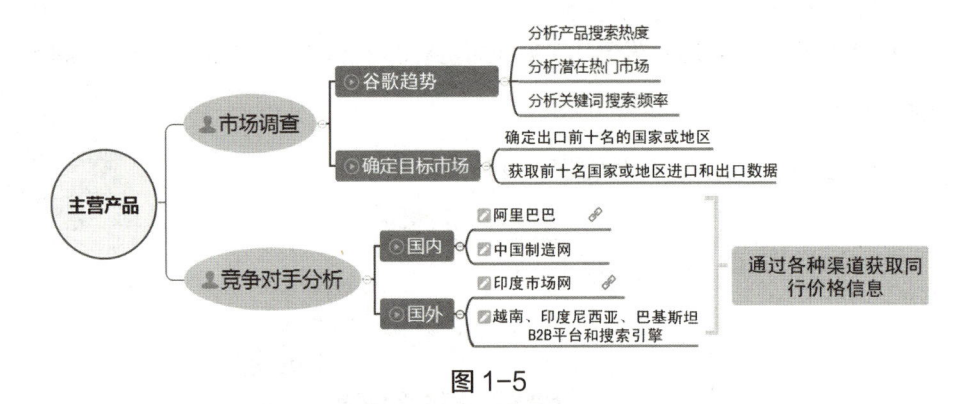

完整的外贸日常工作思维导图见本节前的拉页。

● 第二节　思维导图工具介绍

我们如何才能快速地制作思维导图呢？现在思维导图工具很多，百度脑图、XMind、MindMaster、MindNode，是几种常用的思维导图工具。

百度脑图是百度公司开发的，网址为：http://naotu.baidu.com，特点是免安装、云存储、易分享，如图 1-6 所示。

图 1-6

XMind 是一款实用的思维导图软件，简单易用、美观、功能强大，非常符合中国人的操作习惯，如图 1-7 所示。

| 第一章 | 神器——利用缜密思维导图，事半功倍

图 1-7

MindMaster 是款跨平台思维导图软件（Windows、IOS 兼容），和 XMind 类似，功能强大，如图 1-8 所示。

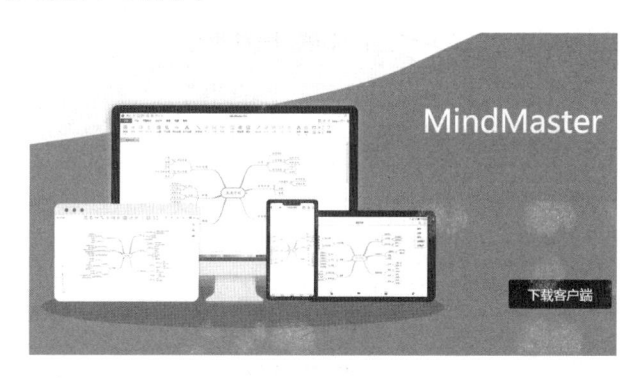

图 1-8

MindNode 是苹果电脑专用的思维导图工具，如图 1-9 所示。

图 1-9

以上思维导图工具，功能都差不多，选择一个你喜欢的来用即可。

那么，从现在开始，就让思维导图工具进入你的工作、生活，让它给你装上一对翅膀。

● 第三节 思维导图基本制作方法

下面我以 XMind 思维导图软件为例，演示如何制作思维导图。

一、如何新建思维导图和建立标题

如图 1-10 所示，点击菜单中的"文件"，在下拉菜单中选择"新建空白图"，然后我们就可以看到一个中心主题的页面，如图 1-11 所示。

图 1-10

图 1-11

二、如何添加一级分支、二级分支、同级分支

（1）点击"中心主题"，然后按键盘上的 Tab 键，就会展开一级分支，如图 1-12 所示。

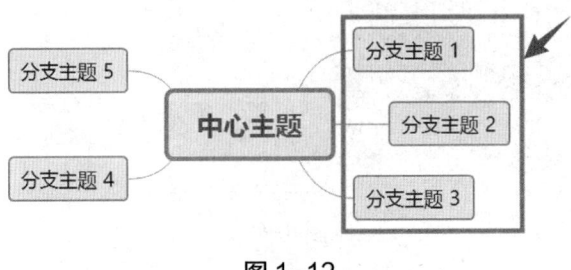

图 1-12

（2）点击"分支主题1"，然后按键盘上的 Tab 键，就会展开二级分支，如图1-13所示。

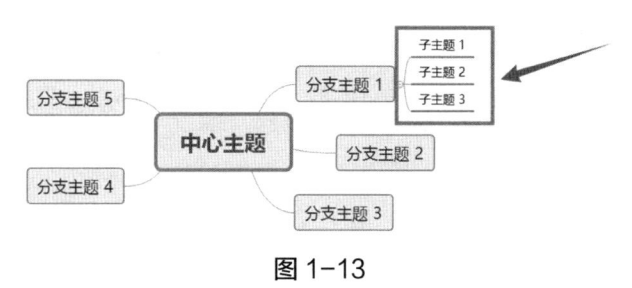

图 1-13

（3）点击"分支主题1"，再点击回车键，就会展开和"分支主题1"同级的分支。如图 1-14 所示，方框内的都是和分支主题1同级的分支。

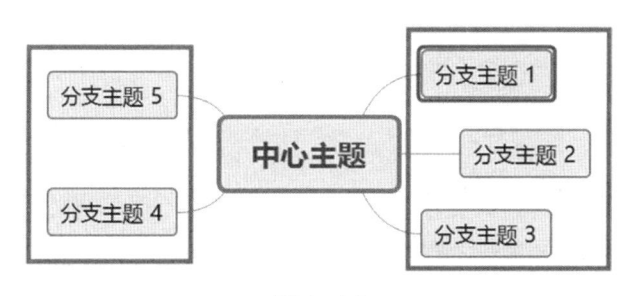

图 1-14

三、如何添加内容

双击任何一个主题，即可编辑文字，添加内容，如图 1-15 所示。

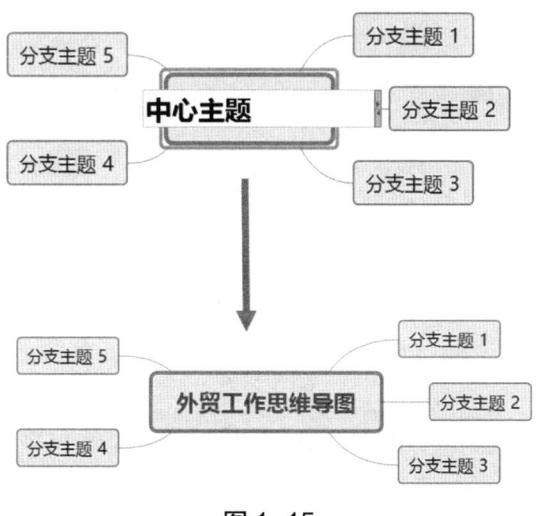

图 1-15

四、如何变更分支位置

用鼠标左键点击一个分支,并按住不放,即可将分支拖动到你想要的位置,如图1-16所示。

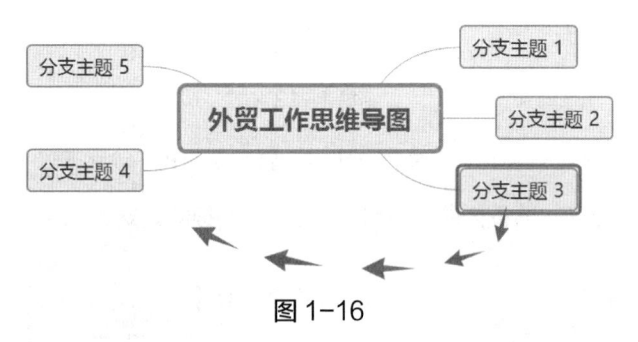

图 1-16

五、如何添加备注

当一个标题无法完全展现你想表述的内容,你可以给这个标题添加备注说明,以便随时展开查看。

(1)用鼠标右键选择一个标题,在弹出菜单中选择"插入",再选择"备注",如图 1-17 所示。

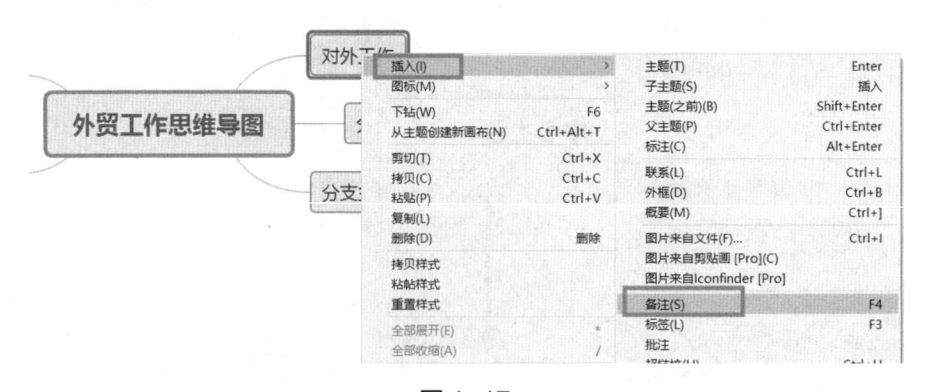

图 1-17

(2)在弹出的备注框中,输入你需要备注的内容,如图 1-18 所示。

图 1-18

到此，相信你已经对思维导图有了清晰的认识，并且了解了基础操作。

思维导图会越用越熟练，以后会达到无论你脑子里想什么，都可以用思维导图展现的境界。

扫描下方二维码，还可以观看视频，更直观地学习如何使用思维导图软件。

二维码 1-1　思维导图基本操作演示视频

第二章 CHAPTER TWO
决胜——外贸实战，思维制胜

第一节 用领英找客户，开启社媒营销新思维

一、通过领英我们能做什么

领英（Linkedin）作为全球职业社交网站，其全球会员人数已突破 5 亿。学会使用领英开发客户是外贸人必须掌握的一项技能。通过领英我们可以获取精准的行业客户公司目录，精准定位一个国家或地区的潜在客户，了解客户公司的背景信息，获得客户公司关键联系人的邮箱等。

领英是一个金库，我们如何才能找到开启金库大门的钥匙，进去淘金呢？

通过领英我们可以获取什么关键信息呢？

我们可以获得：公司名称，公司职员名字、职务，公司网址，公司介绍，公司所属行业，公司所在国家或地区，公司关键人履历等。通过这些关键词，我们就可以制作通过领英开发客户的思维导图了。

二、通过领英开发客户思维导图

通过领英开发客户的思维导图如图 2-1 所示。

图 2-1

三、通过领英开发客户基本步骤

如图 2-2 所示，通过领英开发客户分为以下四步：

第一步：获取客户公司目录，搞清楚客户的行业属性；

第二步：选择要开发的目标国家或地区；

第三步：查看客户公司的关键信息，比如网址、关键联系人等；

第四步：用谷歌搜索目标客户公司关键人的邮箱。

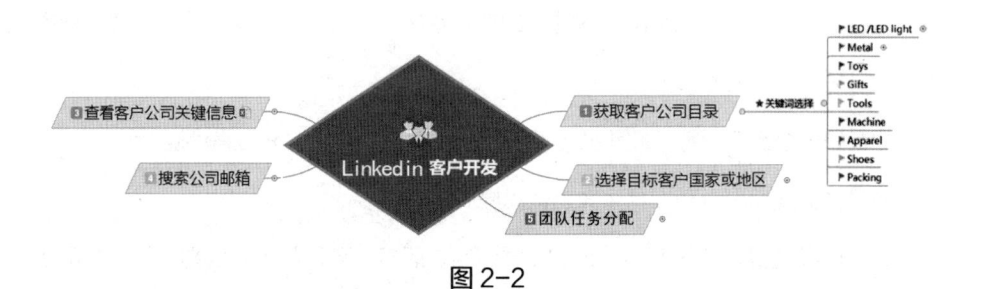

图 2-2

我们来看第一步获取客户公司目录。

想获取客户公司目录，首先我们要选择关键词，关键词有什么用呢？

我们看图 2-2，可以看到有很多个行业的关键词，如 LED、金属、玩具，还有礼品、工具、机械、服装、鞋子等。我们可以使用简短的关键词，把大行业范围内的客户筛选出来。比如目标客户是做 LED 灯的，关键词可以选择 LED 或者 LED light，先看搜索到的客户公司有多少，然后再选择希望开发的目标国家或地区。

领英是全球商人的一个人脉圈，我们可以在上面找到各行各业的公司的信息。我来给大家演示一下通过行业关键词，在领英上面能找到什么有效的客户信息。

领英的界面上有一个搜索框，我们输入产品关键词"LED"再进行搜索后，在搜索结果页面中会看到图 2-3 所示界面，有一些菜单可以选择。我们可以在"Locations"（所在地区）菜单中选择希望开发的目标国家或地区，例如美国。

图 2-3

选好国家或地区后，如图 2-4 所示，在"People"（会员）下拉菜单中，选择"Companies"（公司），出来的结果基本上都是美国的 LED 公司，如图 2-5 所示。

我们在搜索结果中可以看到，客户公司名称下面有一行小字，这些是公司的类型属性，有的是生产商，有的是工程商，有的是分销商，有的是品牌商。

我们就可以展开思维导图，制作客户细分的类型关键词，如图 2-6 所示。

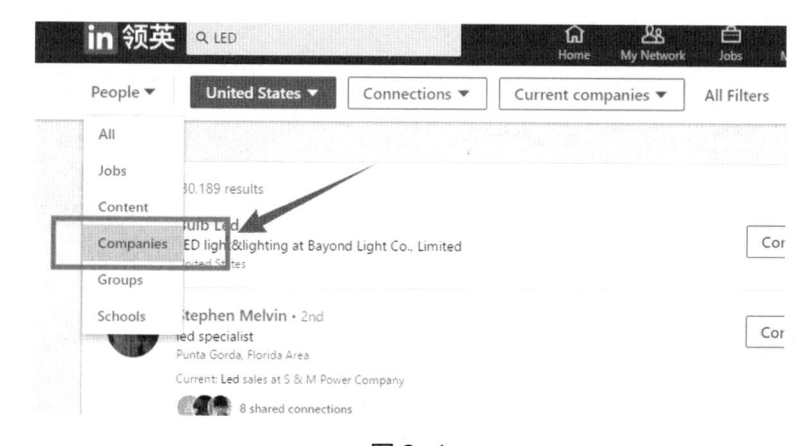

图 2-4

图 2-5

图 2-6

如图 2-7 所示，第一步工作的完整思维导图就完成了。

图 2-7

扫码观看视频，学习如何利用思维导图和领英开发客户。

二维码 2-1　利用思维导图和领英开发客户操作演示视频

四、通过领英获取有价值的客户信息

（一）应用场景

经过第一步工作，我们可以很快找到行业内的潜在客户公司。但是我们更想知道在客户公司里需要先联系谁，谁是他们公司的负责人，我们可以和多少人建立联系，他们的名字是什么，这些人都是什么背景，第一封邮件写给谁比较合适，等等。

（二）核心关键词

公司名称、网址：查找公司名称、网址，方便以后查找邮箱。

姓名：有了客户名字，发邮件可以精准发送，提升打开率。

职务：了解关键人职务，判断他在公司内部是否有决策权。

头像：通过头像建立对关键人的直观印象。

履历：了解关键人的工作经历，以便展开后续的话题。

我们把想到的关键词填入思维导图当中，即得到图 2-8 所示的思维导图。

思维导图有强大的视觉展示功能，会让人将潜意识中的想法表达出来。

我们使用领英开发客户的时候，按照思维导图展示的节点，一步步进行，就可以得到我们想要的结果。

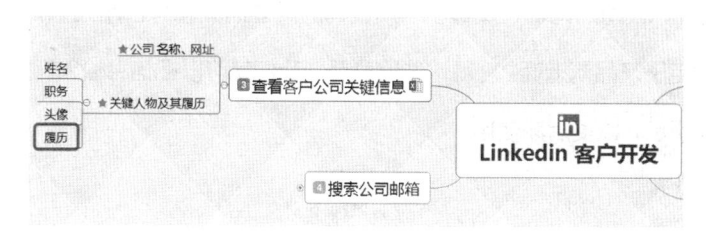

图 2-8

（三）执行应用

1. 我们需要看什么，记录什么

在之前的搜索中，我们获得了客户公司名称列表，我们可以点击打开一个公司的主页，如图 2-9 所示，查看其信息。

> **LED Lighting Inc.**
> Electrical/Electronic Manufacturing · Buffalo Grove, Illinois · 5,827 followers
>
> See all 79 employees on LinkedIn →
>
> Follow   See jobs
>
> **About us**
>
> LED Lighting Inc. is focused on providing the best LED lighting technology by today's standards for your enjoyment tomorrow. LED Lighting INC. products are the leading standard in the marketplace, thoroughly tested and backed with strong warranties. There are many reasons to pick LED technology to light your home or business, and there is no better place to do this than with us.
>
> Very simply, we have consistently done whatever it takes to meet the needs of our customers. We have been consistent in quality, commitment, and integrity, and we are always seeking to improve.
>
> We truly value the personal relationships that we have developed with our manufacturers over the years. This means a better, more affordable product for you. We are proud of the reputation we have established and look forward to continue having the opportunity to serve you as we continue to grow and expand what we offer.
>
> Sincerely,
>
> **Bill Hood**
> **CEO and Founder LED Lighting Inc.**
>
> **Company details**
>
> Website
> **http://www.ledlightinginc.com**
>
> Headquarters
> Buffalo Grove, Illinois
>
> Year founded
> 2004

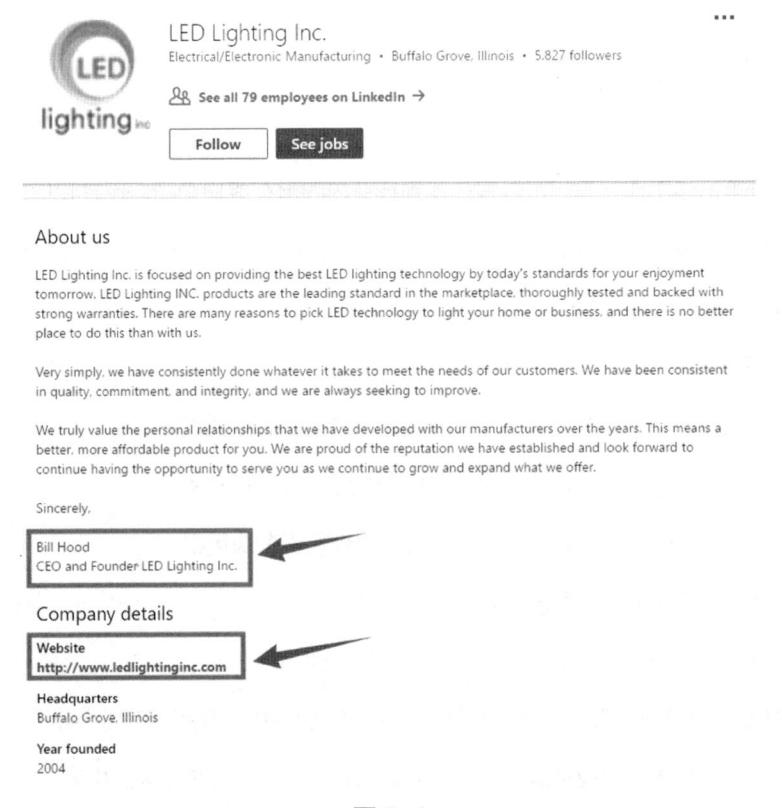

图 2-9

在公司主页上，我们可以看到客户公司的简介，知道了 LED Lighting Inc 公司 CEO 的名字、公司的网址，知道了客户公司的成立时间和总部所在地，知道该公司是一家美国电子产品制造商。获得这些信息后，我们就可以把信息输入客户统计表中，如图 2-10 所示，以便后期使用。

美国客户统计表

公司名字	客户类型	网址	邮箱	职位	联系人
LED Lighting Inc	Electrical/Electronic	www.ledlightinginc.com			Bill Hood
LED Source	Renewables & Environment				
LED Light and Power	Building Materials				
LED Display Rental	Events Services				
LED Supply Co	Wholesale				

图 2-10

2. 如何找人

在公司主页中，点击图 2-11 所示方框中的链接，可以查看客户公司员工的页面。

图 2-11

在员工页面中，客户所在地区选择为"United States"，就可以看到客户公司在美国的员工列表，如图 2-12 所示。

图 2-12

如图 2-13 所示，我们看到 William Hood 最近在 LED lighting Inc 担任过 CEO，可以点开他的履历看看。

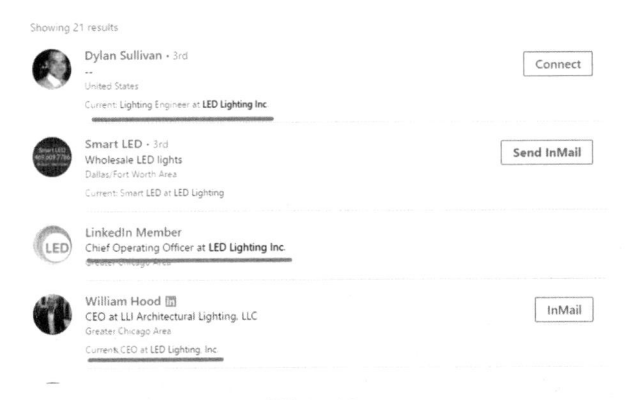

图 2-13

图 2-14

如图 2-14 所示，我们了解到，他在 LED Lighting Inc 任职了 14 年，并于 2016 年创立了 LLI Architectural Lighting LLC。

之前，我们查询到 LED Lighting Inc CEO 的名字是 Bill Hood。那么我们可以猜想 William Hood 的背景，Bill Hood 和 William Hood 很可能是兄弟关系，LED Lighting Inc 是 Bill Hood 创建的一个家族企业。LED Lighting Inc 和 LLI Architectural Lighting LLC 很可能会有业务方面的深度合作关系。由此，我们就可以完善思维导图，如图 2-15 所示。

图 2-15

3. 人物背后的金矿

如图 2-16 所示，我们在 William Hood 页面的右边可以看到"People Also Viewed"（看过本页的会员还看了）的列表，这里会列出和他关系密切的人。在其中我们不难发现有同样做 LED light 的人，他们都是在自己公司出任 President（总裁）

或 Founder（创建人）。

了解了这些关系之后，我们就可以顺藤摸瓜，找到更多美国潜在客户。

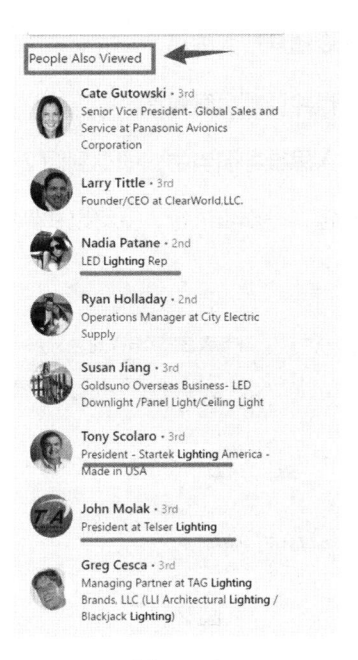

图 2-16

扫码观看视频，学习如何通过领英获取有价值的客户信息。

二维码 2-2　通过领英获取有价值的客户信息操作演示视频

五、精准获取客户公司关键人的邮箱

（一）应用场景

在前面，我们学习了如何使用领英获取客户公司的目录，选择目标客户的国家或地区，查看客户的关键信息，找到客户公司的关键联系人。如果能找到关键联系人的邮箱，我们就可以快速地和客户建立联系。

（二）核心关键词

域名：通常是正规公司企业邮箱。

邮箱：获得关键人邮箱，方便建立联系，发开发信。

人名：明确关键人是谁。

搜索方法：使用搜索命令精准搜索邮箱。

验证：通过邮箱验证工具验证邮箱有效性。

我们把想到的关键词填入思维导图当中，即得到图 2-17 所示思维导图。

我们按照思维导图的路径，一步步进行，就可以找到客户公司关键人的邮箱。

图 2-17

（三）执行应用

按照前两小节，我们找到客户的关键信息之后，再把它们输入客户统计表中，就获得了图 2-18 所示的详细的客户统计表。在统计表中，我们可以很清楚地看到客户的公司名字、网址、关键联系人及其职位等。

图 2-18

我们将使用这些数据信息，结合谷歌邮箱的搜索命令，把客户公司的关键人的邮箱找出来。我们搜索客户公司的邮箱，主要是使用"mail**"和"mailto："两个命令。

命令用法如下：

mail**abc.com（命令 + 域名）

mailto:abc.com（命令 + 域名）

thomas|green mail**abc.com（人名 + 命令 + 域名）

如果用这三种方式找不到客户邮箱，也可以用人名来猜关键人的邮箱，再用邮箱验证工具 http://mailtester.com 和 https://verify-email.org 来验证猜的邮箱是否正确。

下面我用实例示范一下。

我们搜索图 2-18 中第一个公司的邮箱，首先复制公司网址的域名部分，不需要"www"。

复制之后，我们在谷歌搜索框中输入"mail**"并在其后粘上"ledlightinginc.com"，再点击搜索，搜索之后我们就看到图 2-19 所示结果。

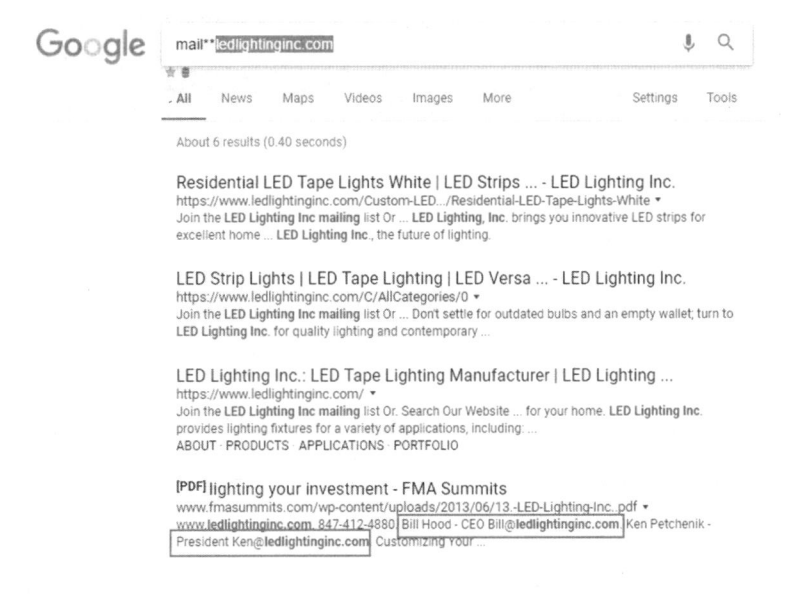

图 2-19

我们就得到了两个关键人的邮箱，他们在公司担任 CEO 和 President。从他们的邮箱我们可以判断：他们公司邮箱的命名规则是，以人名的第一个词作为邮箱前缀。这样我们就可以猜他们公司其他人的邮箱，如图 2-20 所示。

图 2-20

我们再搜索一个网站"ledsupplyco.com"，同样可以找到他们公司关键人的邮箱，如图 2-21 所示。

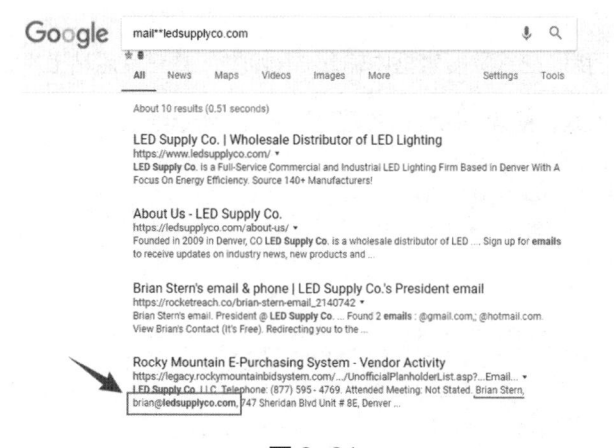

图 2-21

把这个邮箱和客户统计表中的人名对照，我们会发现，brian@ledsupplyco.com 是 LED Supply 公司 President 的邮箱。而他们公司的邮箱命名规则，也是以人名的第一个词为邮箱前缀。那么我们就可以猜到，另外一个人的邮箱就可能是 webb@ledsupplyco.com。

再用 https://verify-email.org 验证 webb Lawrence 的邮箱，发现是有效的，如图 2-22 所示。

图 2-22

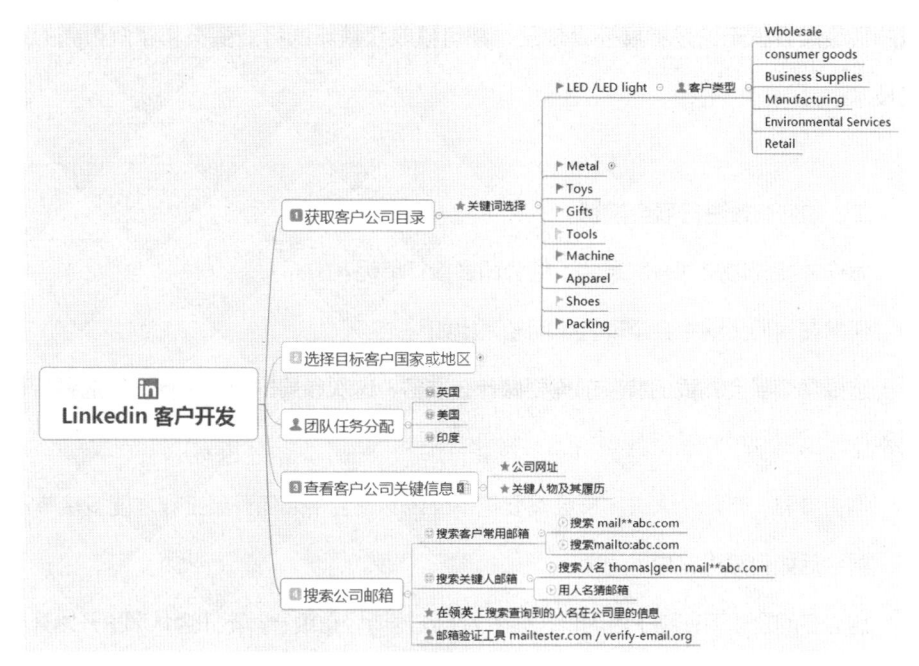

用领英开发客户的完整思维导图如图 2-23 所示。

图 2-23

扫码观看视频，学习如何精准获取客户公司关键人的邮箱。

二维码 2-3　精准获取客户公司关键人的邮箱操作演示视频

● **第二节　有效制订参展计划**

一、为什么要参展

展会是开发国际市场的一种直接高效的营销方式。参展商可以近距离地接触当地客户，了解当地市场行情。参展商可以在展会上迅速签下订单，也可以通过展会展示公司实力和产品，以便发展当地的代理商。如德国汉诺威消费电子信息及通信博览会（CeBIT）、德国汉诺威工业博览会（HANNOVER MESSE）、美国拉斯维加斯消

| 29

费电子展（CES）、西班牙巴塞罗那世界移动通信展览会（MWC）都是全球专业领域的顶级展会，无论是参展还是观展，都可以收获最新的行业资讯和了解最新的产品技术。

二、如何有效进行展会规划

怎样才能成功策划一次展会，给公司多接订单呢？

通常在我们头脑中会浮现几个问题，比如：

选择哪个展会？我们参展前需要做什么准备？这次参展的目的是什么？需要带什么产品？

谁去参展，带几个人去？展会需要花多少钱？展会中如何开展工作才能多接单？

展会后如何跟进客户？

这么多问题一下在脑子里闪现，很多人无法理清轻重缓急，不知道从哪里开始开展工作。匆忙参会的人因为准备不足，使得参展效果大打折扣，白白浪费公司资金和资源。

借助思维导图，我们就可以把脑子里各种关于展会的细节一一理顺，提前做好参展计划，就能让展会接单事半功倍。

如图2-24所示，展会工作分为展前准备、展中工作、展后跟进三个部分。其中，以展前准备最为重要，如果展前准备不充分，展中工作就无法顺利进行，展后跟进也就无从谈起。

图2-24

（一）展前准备

展前准备至少需要考虑 11 个要素：

（1）参展目的；

（2）选择什么展会；

（3）怎么报名；

（4）如何选展位；

（5）带什么产品去；

（6）选择什么物流公司；

（7）有什么需要申请；

（8）如何做宣传，拉客户去展位；

（9）必带物品是什么；

（10）几个人去，谁去；

（11）有什么重要资料要带去。

通过以上思考，我们在思维导图软件中就可以规划出图 2-25 所示的框架。

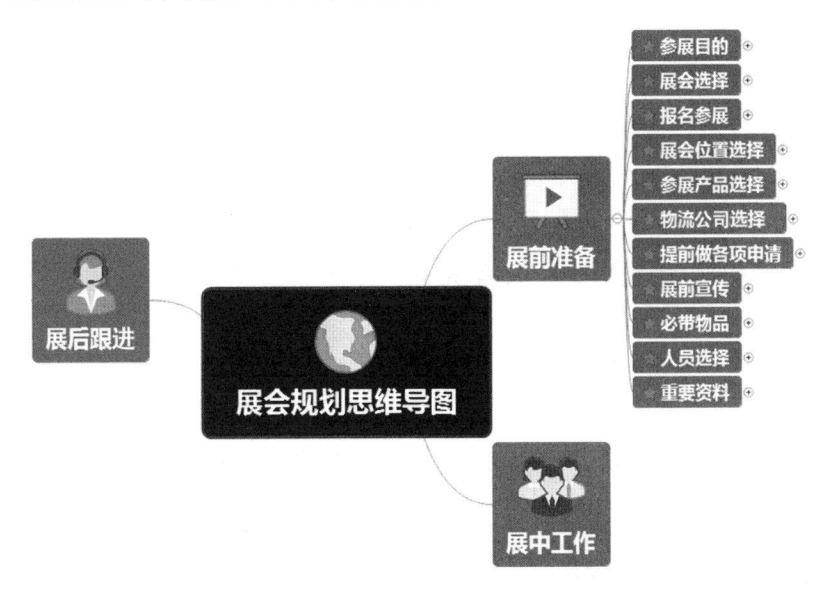

图 2-25

我们根据这个框架，不断拓展每个分支的细节，就能不断完善我们的展会规划，让我们的工作有条不紊地推进。下面我们对每个分支进行拓展思考。

1. 参展目的

卖家、买家参加展会都有不同的目的。

（1）卖家参展目的

卖家通过展会可以和客户面对面洽谈，现场签单；现场解决电话、邮件等无法解决的深度问题；可以了解当地市场，根据市场情况制定销售策略，确定销售模式；还可以向优秀同行学习，找到自己的卖点，提高品牌曝光率。

（2）买家参展目的

买家通过展会可以考察供应商实力，了解行业未来发展趋势，了解最新资讯和技术方向，了解最新的产品，捕获最新商机。

（3）某些业务员的错误观念

很多业务员认为参展的主要任务是拿名片，展会回来后再发邮件跟进，浪费了极好的现场签单机会，也浪费了时间、精力和金钱。如果参展只为了拿名片，获得客户邮箱和电话，这就和网络搜索客户没有任何区别，甚至网络搜索客户的成本更低。

2. 展会选择

选择展会通常看三个要素：

其一，看目标市场在哪里，最好选择当地的专业展会。

其二，看同行去哪里参展，同行的网站上会公布参展计划，很多同行都去的展会中必定有商机。

其三，看目标市场的经济发展情况，经济发展快，政局稳定，就可以去参展；如果经济波动大，政局不稳，就算展会签单了，客户也可能会变卦。

3. 报名参展

可以通过展会组委会官网报名，也可以通过国内展览公司报名，各有优缺点。

通过组委会报名：优点是你可以自由进行展台装修，可以优先选择好位置，有利于建立品牌形象；缺点是过滤了追求性价比的客户，这些客户往往会直奔中国馆。

通过展览公司报名：优点是展览公司会专门设立中国馆，价格便宜，可以吸引大量的追求性价比、对价格敏感的客户来访；缺点是不能自由装修，不利于品牌形象建立。

4. 展会位置选择

展会位置决定了你展位的客流量，有两个技巧极为重要：

第一，一定要根据展会产品分类选展位，因为现在展会都非常专业，客户时间也很有限，来观展时通常直奔自己经营的产品的分区；

第二，选择人流量大的位置，因为人流量大，到你展位的客户的人数就会多，容易聚集人气。

图 2-26 是德国 CeBIT 展馆的平面图。一般人都以为，展馆大门入口是人流量最大的，实际上人流最集中、短时流量最大的地方是各个展馆之间连接门那一块。

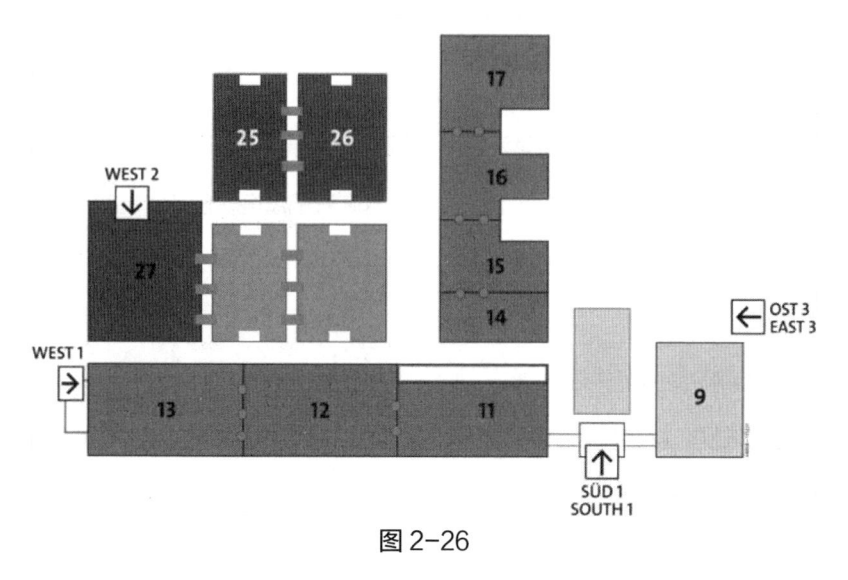

图 2-26

5. 参展产品选择

选择参展产品时，应选最畅销的标准品，因为业务员最熟悉，容易量产，和客户进行技术交流也容易，而且这类产品在展会上可以给客户打折。此外，标准品尺寸最合适，容易运输。还可以带几款最新设计的预售产品，因为新款式容易带来新订单，拓展新市场。

6. 物流公司选择

最好找组委会认证的物流公司负责运输，避免被退运，确保产品安全顺利地运到展位。另外，一定要给展品买保险，如果运输途中产品丢失，可以索赔。

7. 提前做好各项申请

插座数量、家具数量、设备数量，以及你的设备需要多少电压才能带动，这些都需要在参展前向组委会说明，不然到了参展时临时申请，费用会翻倍。

我们拓展出以上七点之后，就可以得到图2-27所示的思维导图。

8. 展前宣传

展前宣传是决定展会效果好坏的非常重要的因素。最有效的展会宣传渠道通常有三种：第一种是展会的目录，第二种是展会APP内置广告，第三种是给客户的邮件邀请函。

（1）展会目录

专业行业的客户、采购商通常没有时间闲逛，会通过目录来找参展商，比如客户是做汽配产品的，他就会找汽配产品的目录，直奔汽配展区。因此，向展会组委会付费，把自己的公司、展位号和联系信息刊登到目录中，是投资比较小但很有效的宣传方法。

（2）展会APP内置广告

现在是移动互联网时代，APP已经非常流行，展会组委会也会制作APP方便采购商和游客观展。我们可以购买APP内置的广告和APP内行业产品目录。以后这类广告会成为展会广告的主流模式，因为客户可以通过搜索快速获得参展商信息。

如图2-28所示，打开APP就可以看到参展商广告的LOGO，获取参展商资料非常便捷。

（3）邮件邀请函

我们要提前一个月发展会邀请函，通知客户观展，告知客户展台位置，来观展现

| 第二章 | 决胜——外贸实战，思维制胜

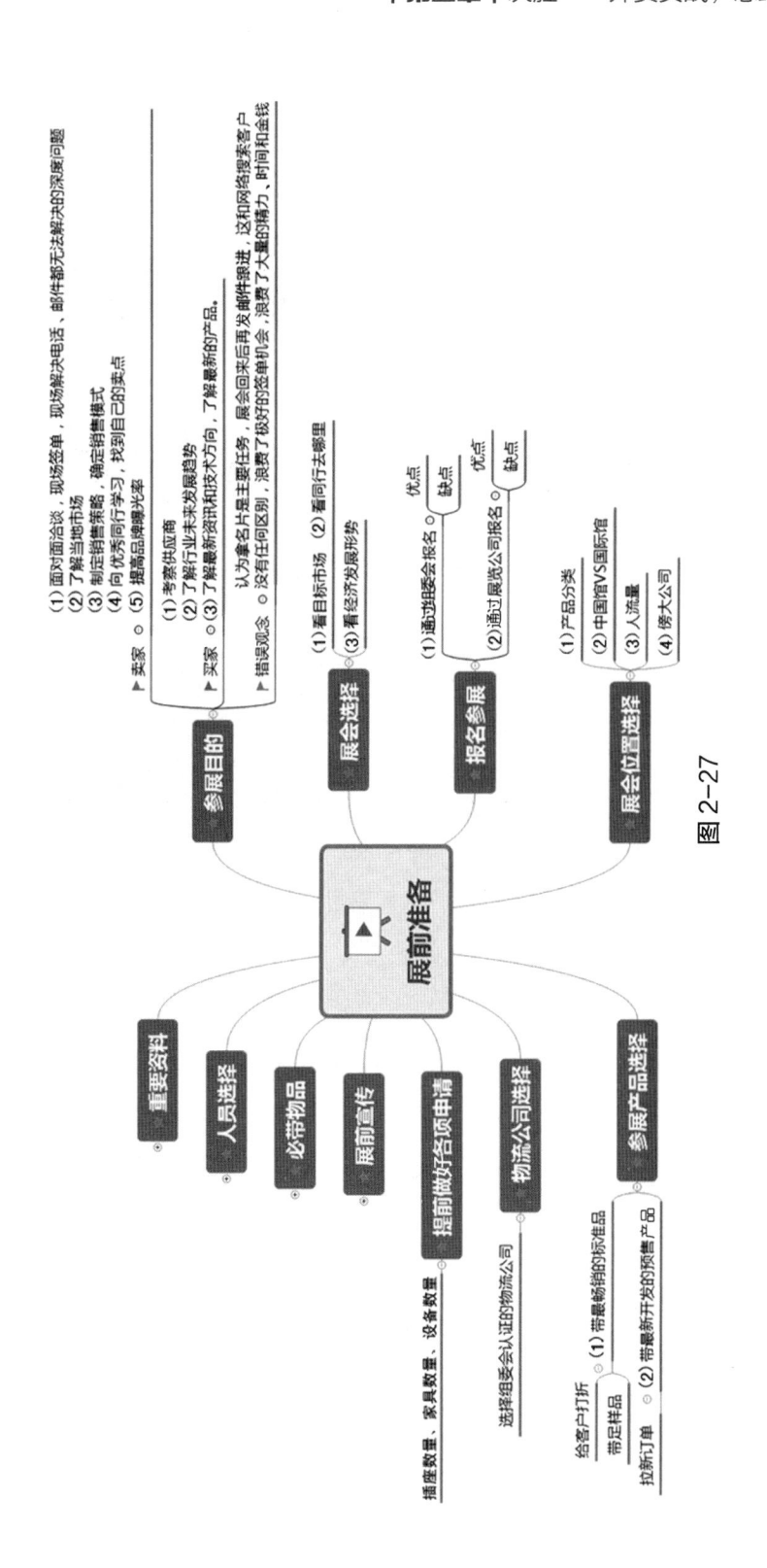

展前准备

参展目的
- 卖家：(1) 面对面洽谈，现场签单，现场解决电话、邮件都无法解决的深度问题 (2) 了解当地市场 (3) 制定销售策略，确定销售模式 (4) 向优秀同行学习，找到自己的卖点 (5) 提高品牌曝光率
- 买家：(1) 考察供应商 (2) 了解行业未来发展趋势 (3) 了解最新资讯和技术方向，了解最新的产品
- 错误观念：没有任何区别，展会回来后再发邮件跟进，这和网络搜索客户认为拿名片是主要任务，浪费了大量的精力、时间和金钱

展会选择
- (1) 看目标市场 (2) 看同行去哪里 (3) 看经济发展形势

报名参展
- (1) 通过组委会报名　优点／缺点
- (2) 通过展览公司报名　优点／缺点

展会位置选择
- (1) 产品分类
- (2) 中国馆VS国际馆
- (3) 人流量
- (4) 傍大公司

重要资料

人员选择

必带物品

展前宣传——提前做好各项申请

物流公司选择——选择组委会认证的物流公司

参展产品选择
- (1) 带最畅销的标准品——给客户打折带足样品
- (2) 带最新开发的预售产品——带足订单拉新订单

图 2-27

图 2-28

场签单的优惠、折扣政策，或告知客户公司高层会去，双方面谈可以快速解决很多问题，这样才能吸引客户如期到展台来观展。

9. 必带物品

参展需要带的东西很多，也很琐碎，但必带的东西一定要带上，它们可以让你在展会上顺利开展工作。

下面是我认为必带的物品：

（1）小礼品：如中国结、印有公司标识（LOGO）的笔或者 U 盘；

（2）客户登记表：登记客户信息，包括：国家或地区、姓名、头衔、联系方式，方便进行客户分类；

（3）大内存手机：方便拍照和拍视频，并预装名片扫描 APP（如名片扫描王）；

（4）无线网卡、路由器：确保网络畅通；

（5）产品目录：展示产品；

（6）带公司抬头的信纸：防止客户遗忘公司信息；

（7）印有重要客户 LOGO 的海报：吸引客户眼球，证明和大公司合作过，大公司背书也是加分项；

（8）产品一年内不同月份的检验证书：证明一直在出货；

（9）易拉宝广告：放在厕所和餐厅旁，这些地方人流量特别大。

10. 人员选择

选择有经验、有活力的 2~3 名业务员，着职业正装出席展会，选择适宜的香水（身上不要有汗臭味），给客户专业、高效的感觉。

11. 重要资料

（1）价格变化一年曲线图：给客户展示产品价格一年的变化，同时便于业务员进行价格谈判时把握尺度。

（2）公司介绍 PPT、产品演示 PPT、公司视频：以多种方式动态地展现公司实力。

（3）合同/形式发票（PI）：方便现场签单，只要确定下单，马上让客户签字确认。

（4）产品价格表：方便现场人员查看价格，对于重点客户，可展示价格表并给予优惠。

（5）客户常问的产品问题手册：方便业务员对客户的问题进行标准化回答，打造专业的印象。

通过以上四点拓展，我们会得出图 2-29 所示的思维导图。

展前准备完整思维导图如图 2-30 所示。

展前准备

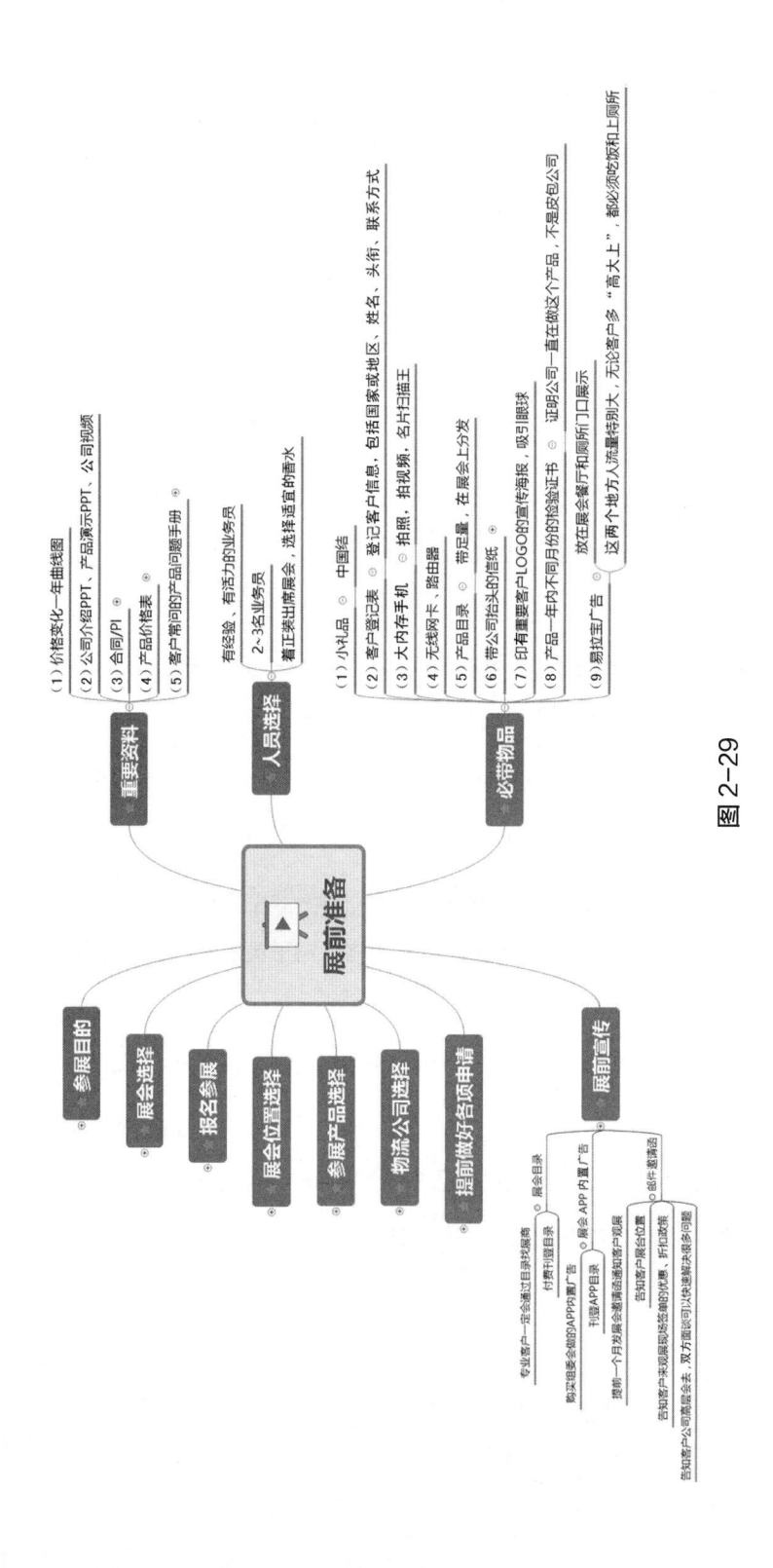

参展目的

展会选择

报名参展

展会位置选择

参展产品选择

物流公司选择

提前做好各项申请
- 展会目录
- 展会APP内置广告
- 刊登APP目录
- 部件邀请函

专业客户一定会通过查找展商
付费刊登目录
购买组委会做的3APP内置广告
刊登APP目录
提前一个月发展会邀请函通知客户观展
告知客户展会展台位置、折扣政策
告知客户公司展台位主、双方面谈可以快速解决很多问题

展前宣传

重要资料
(1) 价格变化一年曲线图
(2) 公司介绍PPT、产品演示PPT、公司视频
(3) 合同/PI
(4) 产品价格表
(5) 客户常问的产品问题手册

人员选择
有经验、有活力的业务员
2~3名业务员
靠正规出席展会，选择适宜的香水

必带物品
(1) 小礼品 中国结
(2) 客户登记表 登记客户信息、包括国家或地区、姓名、头衔、联系方式
(3) 大内存手机 拍照、拍视频、名片扫描王
(4) 无线网卡、路由器
(5) 产品目录 带足量、在展会上分发
(6) 带公司抬头的信纸
(7) 印有重要客户LOGO的宣传海报、吸引眼球
(8) 公司一年内不同月份的验强证书 证明公司一直在做这个产品、不是皮包公司
(9) 易拉宝广告 放在展会餐厅和厕所门口展示 这两个地方人流量特别大、无论客户多"高大上"、都必须吃饭和上厕所

图 2-29

第二章 决胜——外贸实战，思维制胜

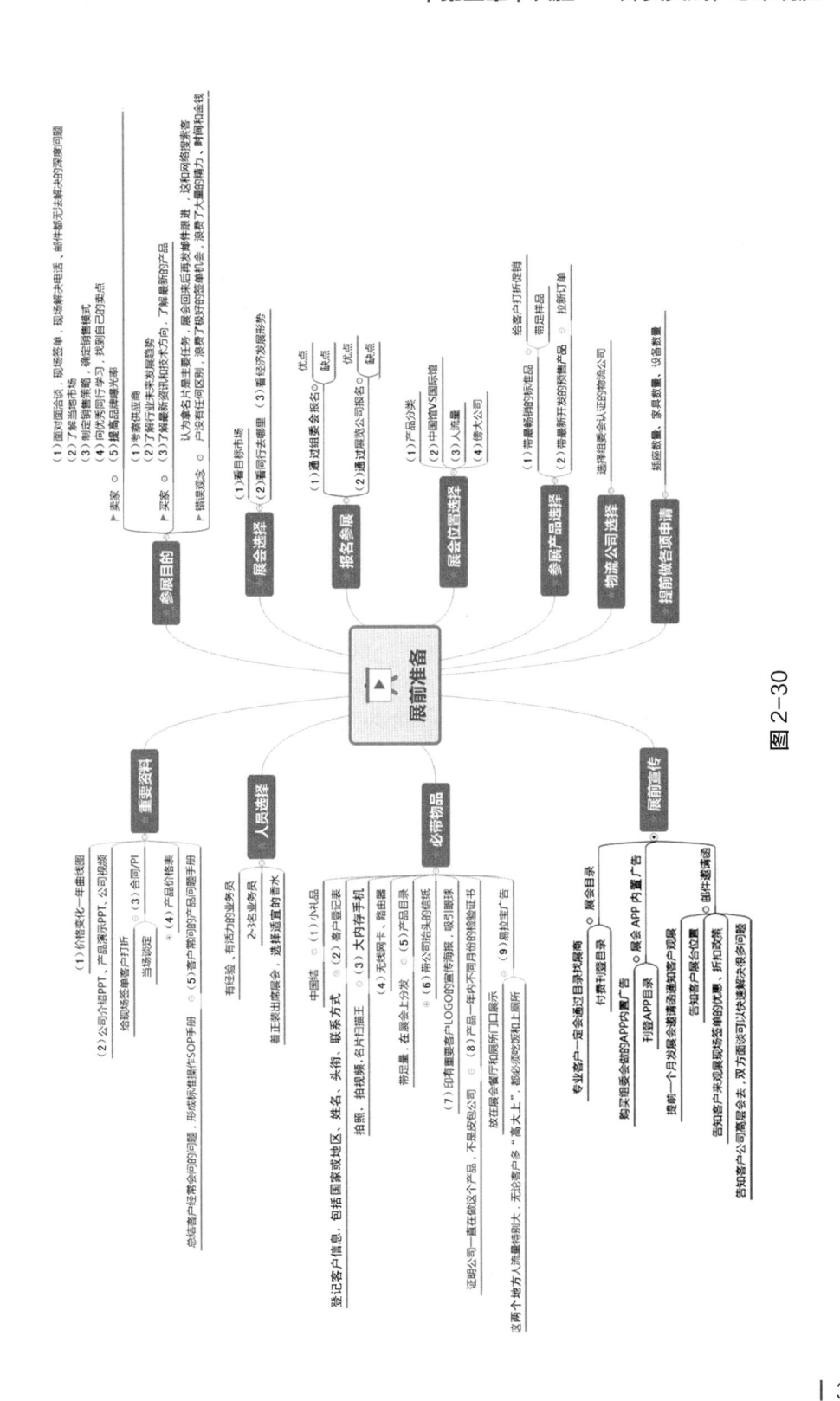

图 2-30

（二）展中工作

在展会中接待客户，是获取订单的最重要的环节，其中涉及人员配置、接待技巧、签单技巧等。我们先理出几个要点，得出如图 2-31 所示的思维导图。

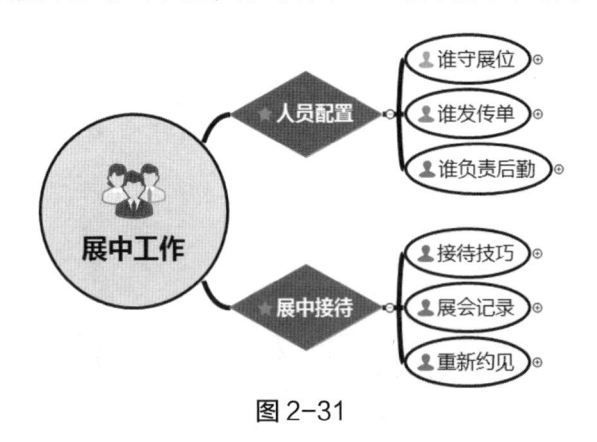

图 2-31

1. 工作人员配置

（1）谁守展位

主力业务员负责接待客户、介绍产品、洽谈订单。业务员要问客户待几天，住在什么酒店，如果在展位上没谈成，可以在会后继续洽谈。

（2）谁发传单

主力业务员还可以在展会上打游击战，派发传单，并关注同行展位出来的客户；加客户的 WhatsApp 好友或询问邮箱、手机等信息，告知客户展位号、主营产品。

（3）谁负责后勤

后勤人员负责技术咨询，联络国内工厂配合工作；协助主谈人招呼进展位的客户，介绍公司情况，展示样品；负责给客户和同事拍照，并发给客户，加深客户记忆（客户去了很多展位，如果没有照片，客户根本记不住你是谁）。

2. 展中接待

（1）接待技巧

要考虑好多个客户同时来怎么处理，多个采购意向强的客户同时来怎么处理，客户太多接待不过来的时候怎么处理，确定了三个接待方案后，我们就可以拓展出图

2-32 所示的思维导图。

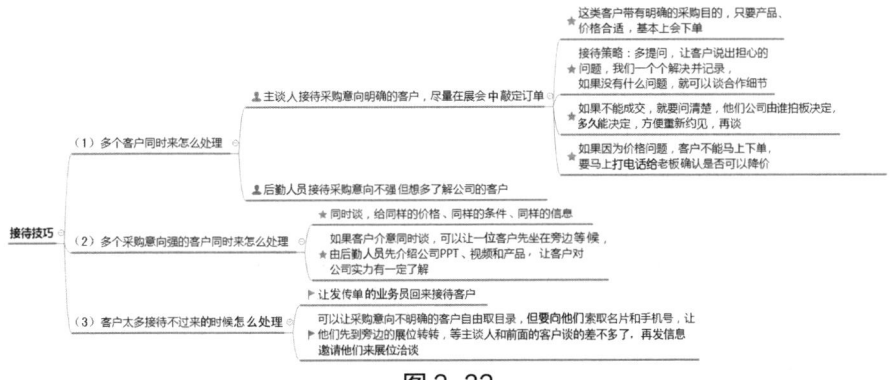

图 2-32

（2）展会记录

在接待客户的过程中，需要记录与每位客户谈到的所有重要内容，还要记录和客户确认过的所有问题，如订单数量、样品、订单金额、付款方式等，形成备忘录，后期跟进客户时，可以发给客户，唤醒客户的记忆。

（3）重新约见

如果客户在展会上不能马上下单，需要比较供应商，我们可以根据和客户交谈的备忘录分析问题，想出解决方法，重新约见客户，争取在酒店签单，不要等客户回国后错失良机。

根据以上两点，我们又可以拓展出新的思维导图，如图 2-33 所示。

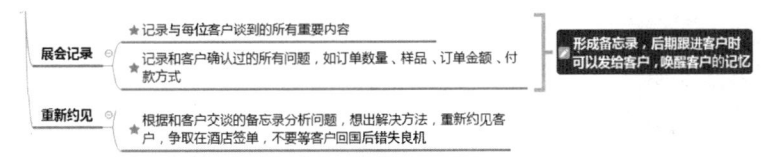

图 2-33

（三）展后跟进

对于展后跟进，我们要树立怎样的观念，采用怎样的技巧，如何进行客户分类，才能有助于获得订单呢？

1. 错误观念

对于展后跟进客户，很多人有种错误观念，认为展后跟进是展会结束后回国再跟进客户。不少业务员都以为拿到名片就万事大吉了，可以回国后再发邮件跟进。这样和网络搜索客户再发开发信的方式没有任何区别，很难拿到订单。

2. 正确观念

展后跟进是从客户离开展位就开始，争取在客户回国前谈下订单。

3. 客户分类

我们可以把客户按重要性分为一类、二类、三类。分类后，我们再采用正确的方式进行跟进。

4. 跟进方式

我们和客户谈完后，必须马上记录谈过的问题和细节，形成备忘录，并询问客户还有什么疑问，有什么需要和他老板沟通的。客户离开展位后，应该利用暂无新客户来的时间，马上给刚刚离开的客户发邮件，附上正式的报价单，迅速完成一轮报价。

根据以上细节，我们就可以进一步拓展出图2-34所示的思维导图，细化不同分类和跟进客户的方式。

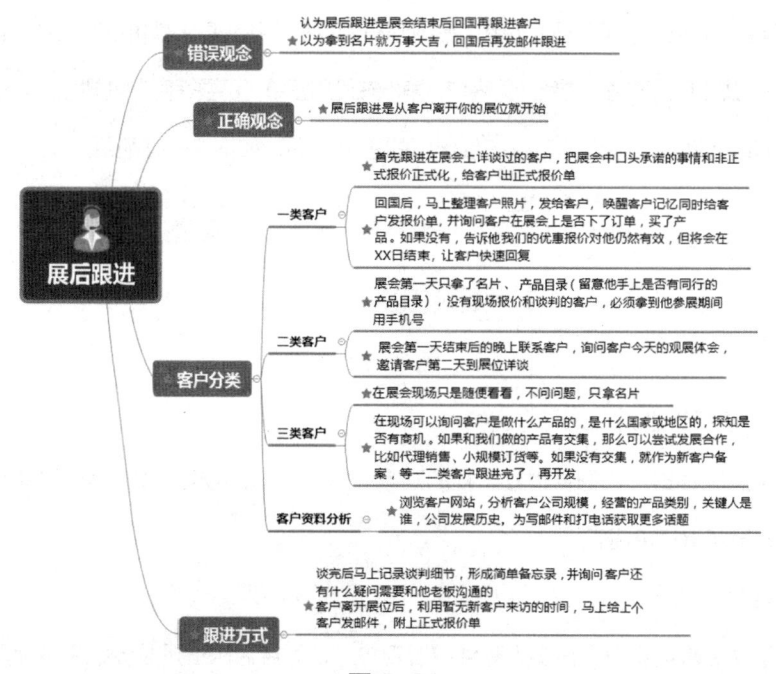

图2-34

完整的展会规划思维导图见本节前的拉页。

● 第三节 有效制订客户拜访计划

一、为什么要拜访客户

我们通过网络收集的客户信息和市场信息，没有经过实地验证，一定会和实际情况有偏差。即使客户通过网络多次下单，但是如果从未实际见过面，我们对客户公司的关键人、客户公司的实际运营情况、客户当地市场的情况的认知都是片面的。一旦认知不够全面，我们在往后的决策过程中，就容易因出差错而失去订单。因此，出国实地拜访客户是对当地市场和客户建立全面而真实的认知的最好方法。公司之间的往来虽然是以生意为纽带，但是做生意的主体是人，跨国实地拜访客户是体现合作诚意最直接的方式，容易和客户建立起私人情感，有情感作为润滑剂，可以更好地促进双方的长期合作。

二、如何有效进行客户拜访

怎样才能顺利地拜访客户，给公司多接订单呢？

通常在我们脑海中会浮现几个问题，比如拜访前需要做什么准备，如何进行客户邀约，和客户谈什么内容，需要准备什么资料，如何合理地规划拜访路线，如何安排行程，如何促进客户下单，拜访后应该做什么总结，等等。

借助图 2-35 所示的思维导图，我们可以把脑子里各种关于拜访客户的细节一一理顺，提前做好规划，让拜访客户的计划顺利完成。

图 2-35

拜访客户分为拜访前准备、拜访行程安排、拜访后总结三个部分。其中,拜访前准备最为重要,如果准备不充分,拜访行程就无法顺利进行,后续的合作也就无从谈起。

(一)拜访前准备

拜访前准备至少需要考虑8个要素:

(1)拜访目的;

(2)市场分析;

(3)客户邀约;

(4)洽谈内容设定;

(5)资料准备;

(6)拜访路线规划;

(7)必需品;

(8)安全措施。

通过以上思考,我们用思维导图软件就可以规划出图2-36所示框架。

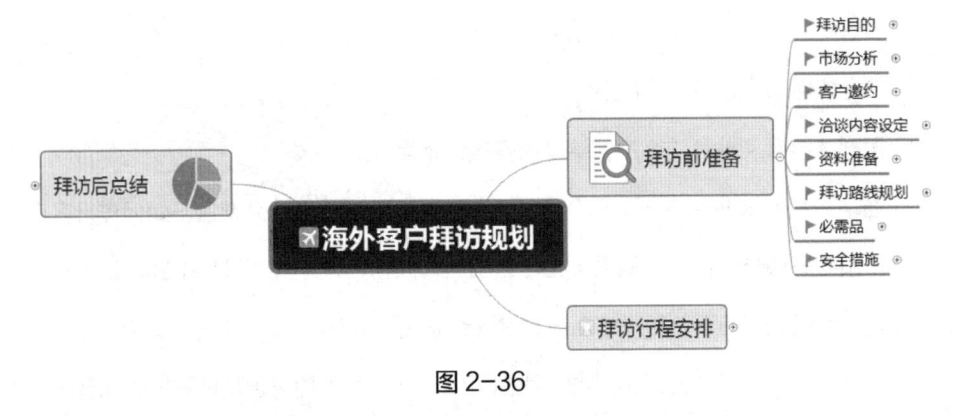

图2-36

我们根据这个框架,不断拓展其中每个分支的细节,就能不断完善我们的海外客户拜访规划,让拜访可以有条不紊地推进。下面我们把每个分支拓展开来思考。

1. 拜访目的

实地了解当地市场情况,挖掘潜在的金牛级客户,了解客户真实需求,提升客户的信任度,建立长期合作关系,缩短谈判周期,快速拓展市场,了解客户公司内部人员关系，确定谁是真正的拍板人，谁是对项目有绝对影响力的人。只有实地拜访过，才能搞清楚客户公司内部的关系。

2. 市场分析

我们可以结合之前的章节，使用谷歌趋势和海关数据等，分析市场的基本情况，也可以通过领英、Facebook 了解客户公司和关键人的基本情况，对客户公司的背景有一个基本的了解。

3. 客户邀约

我们可以通过邮件、电话、WhatsApp，提前告知客户此次拜访的目的和主要洽谈内容，感受客户对我们的拜访是否持欢迎态度，了解客户对我们的产品及产品价格的看法，探知客户的采购意向。应提前一周告知客户拜访时间和议题，以及需要的设备和材料，让客户有时间做准备。

4. 洽谈内容设定

我们要以满足客户现有需求为目的，挖掘其潜在需求。针对不同的客户，列出重要洽谈内容，如技术参数、样品制作、订单处理、售后保障、新项目拓展等，让拜访有的放矢、事半功倍。

5. 资料准备

我们需要准备的资料如下。

（1）公司的各种认证证书、产品目录、第三方检验证书、产品图片、包装图片、生产设备图片、产品检测设备图片、已经出过的客户所在国家或地区的提单复印件等，多方位展示公司实力。资料要整齐美观，让客户看得心情愉悦，同时节省客户时间。

（2）空白合同、空白形式发票（PI），如果客户采购意向明确，就可以马上签单。

（3）客户信息统计表、名片。

（4）大容量手机，安装录音 APP，以便洽谈时录音，回来后可以整理备忘录。

（5）标准样品，要正规包装，注重包装设计，提升产品档次。

（6）公司介绍PPT、产品演示PPT，要包括公司生产设备和工厂环境视频，展示公司实力、产品质量、服务水平和业务能力。

6. 拜访路线安排

（1）原则：要规划好拜访路线，避免折返走回头路，可以在手机上安装谷歌地图，规划最佳拜访路线。

（2）使用谷歌卫星地图查看客户公司周边的街景，熟悉环境，另外还要查看当地最近的新闻，了解当地治安状况。

（3）了解当地的交通状况，选择适合的交通工具。

（4）住宿：结合谷歌地图寻找离客户公司最近的酒店，避免因为交通问题浪费时间，可以给洽谈留足时间，同时节省自身的精力。如果要体验当地文化，可以选择市区的酒店，因为配套设施更完善，交通更方便，便于市场调查。

（5）机票预订：订可改签的机票，因为计划不如变化快，客户可能会临时改变计划，行程不确定性较大，要给自己留足余地。

7. 必需品

（1）日用必需品

信用卡、现金；

充电器、万能转化插座、电热水壶、药品、充电宝、手机防水套；

衣服、雨伞、洗漱用品、拖鞋、香水、化妆品（女性必备）；

方便面、老干妈、罐装下饭菜、罐头鱼等食品，以防吃不惯当地菜。

（2）小礼品

可以准备一些中国结、中式扇子、京剧脸谱、小型兵马俑模型等具有中国特色的小礼品赠送给客户。

8. 安全措施

（1）护照

复印一份护照首页和带名字、照片的内页，随身携带，原件放在酒店相对更安全

(护照不值钱，小偷一般不会偷)。如果护照丢失，应马上报警，同时联系当地中国大使馆协调补办护照。

（2）酒店

酒店名片多拿几张，方便打车时告诉司机去哪里。要求前台提供 Morning call 服务（叫醒服务），避免睡过头误事。睡觉前拿一张椅子顶住门背，椅子上放个水壶，如果有陌生人闯入（酒店的门栓不一定牢靠），椅子倒地会弄出动静，让你有时间反应（特别是女性单独出差时，一定要有这个防范意识）。可以和酒店预订出租车，记录出租车的电话，方便提前预约、准时出发。

（3）交通

可以购买一张当地的地图，以及铁路、地铁、轻轨的线路图，可以通过酒店了解如何订票，什么时候有打折套票。还可以查看酒店到客户公司的其他交通工具，如摩托车、三轮车、公交、日租车（有些国家公共交通不发达，可考虑租车出行）。

通过拓展以上八点，我们可以得出图 2-37 所示的拜访前准备思维导图。

（二）拜访行程安排

做行程安排，我们至少要考虑以下几点：

（1）提前一天到达目的地；

（2）PPT 宣讲；

（3）把控谈判节奏；

（4）确认关键人；

（5）重视老客户拜访；

（6）融入客户圈子；

（7）谈判备忘录。

根据这几点，我们可以制作出图 2-38 所示的思维导图，然后再拓展。

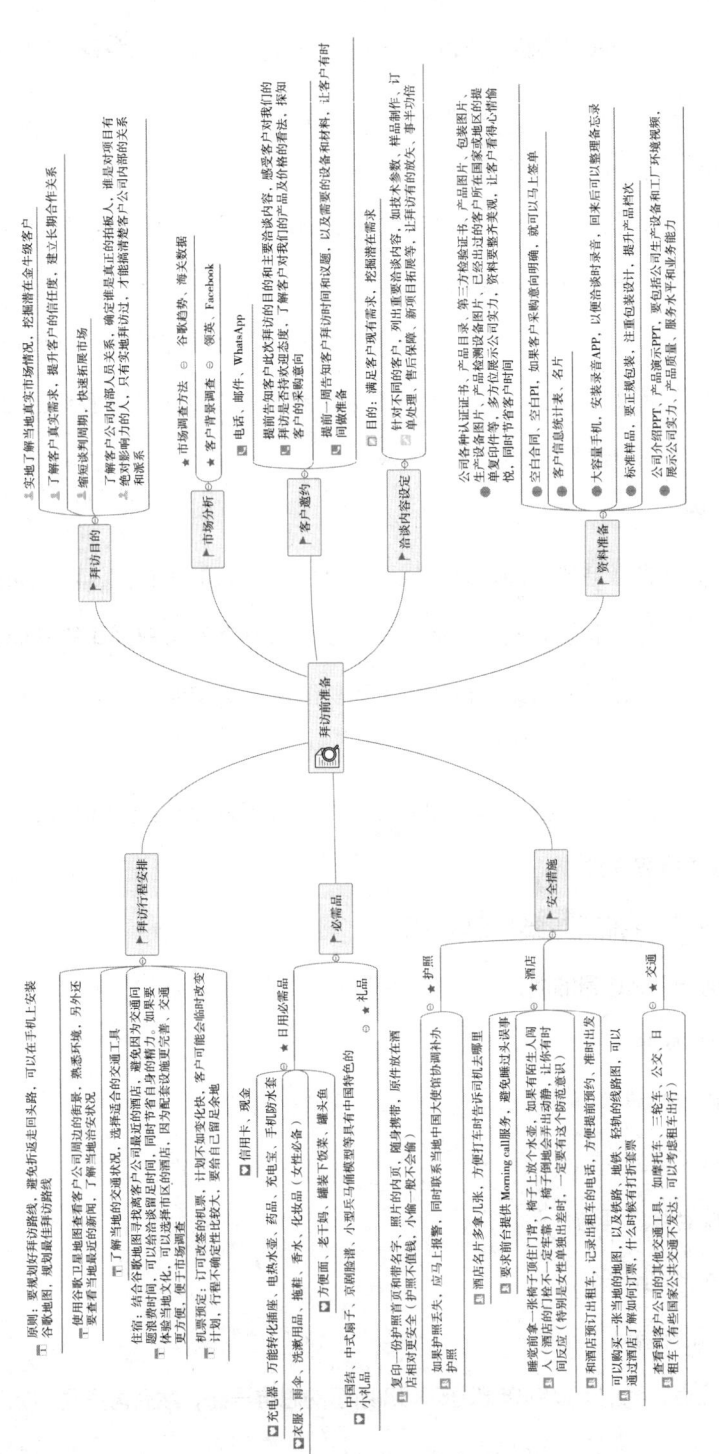

图 2-37

图 2-38

1. 提前一天到达目的地

可在拜访客户的前一天到当地市场了解当地门店、市场真实情况，拍照摄影，丰富会谈时的话题。实地考察后会发现，有的客户不在我们的行程表里面，如果该客户公司离我们的酒店不远，就要想办法约谈，多争取一次机会，聊聊又不花钱，何乐而不为。

2. PPT 宣讲

给客户宣讲公司介绍 PPT、产品演示 PPT，通过图文并茂的方式，向客户展示公司实力、生产设备、服务水平。让客户通过你的演讲感受公司的业务能力，业务员就代表了公司。

3. 把控谈判节奏

和客户公司高层面谈的时间很宝贵，要提前在记事本中记录本次会谈的要点，争取面谈的时候一次性把问题表达清楚。如果话题被带偏，要及时拉回来。

4. 确认关键人

确认谁是老板的影响者，提前做功课，熟悉客户的产品线，询问客户对产品的建议，讨论新产品的开发、生产、销售要如何改进，让客户感觉到你的专业，感受到你足够重视他们公司。一定要找到专门负责采购产品的人来谈，避免找错人。

5. 重视老客户拜访

要特别重视老客户拜访。我们与很多老客户都是网上合作，没有见过面，如果实地拜访，老客户会有受重视的感觉，会很热情，只要价格、交期没问题，订单跑不了。我们要通过交流获悉客户近期的采购计划，是否准备扩张市场份额，有什么疑虑和困难，针对客户的困难要及时提供帮助，给出最优的价格、最快的交货期及售后保障承诺，挖掘客户的新订单潜力。

6. 融入客户圈子

如果客户邀请你参加他公司的聚会或者家庭聚会，这是很好的融入客户圈子的机会。比如到墨西哥或者巴西拜访客户，那么你就要记住一些球星和球队的名字，便于在谈话中拉近和客户的情感距离。南美人感情丰富，从情感入手拉近距离，成为朋友后，他们的订单都会倾向于给你。

7. 谈判备忘录

在谈判过程中，需要对会谈内容做备忘录，对双方达成一致的议题要做总结。经过一段时间的沟通之后，向客户复述一次双方达成一致的要点，并复述客户想解决的问题和我们的解决方式及时间。

经过以上拓展，我们就可以得出如图2-39所示的完整的行程安排思维导图。

5. 要特别重视老客拜访。我们与很多老客户都是网上合作，没见有过面，如果实地拜访，老客户会有受重视的感觉，会很热情，只要价格、交期没问题，订单跑不了。我们更要通过交流获悉客户近期的采购计划，是否准备扩张市场份额，有什么疑问和困难，针对客户的困难要及时提供帮助，给出最优的价格、最快的交货期及售后保障承诺，挖掘客户的新订单潜力

6. 如果客户邀请你参加他公司的聚会或者家庭聚会，这是很好的融入客户圈子的机会。比如到墨西哥或者巴西拜访客户，那么你就要记住一些球星和球队的名字，便于在谈话中拉近和客户的情感距离。南美人感情丰富，从情感入手拉近距离，成为朋友后，他们的订单都会倾向于给你

7. 在谈判过程中，需要对会谈内容做备忘录，对双方达成一致的议题要做总结，一段时间的沟通之后，向客户复述一次双方达成一致的要点，并复述客户想解决的问题和我们的解决方式及时间

拜访行程安排

1. 提前一天到达目的地，可到当地市场了解当地门店、市场真实情况，拍照摄影，丰富会谈时的话题。实地考察后会发现，有的客户不在我们的行程表里面，如果客户公司离我们的酒店不远，就要想办法约谈，多争取一次机会，聊聊天不花钱，何乐而不为

2. 给客户宣讲公司介绍PPT、产品演示PPT，通过图文并茂的方式，向客户展示公司实力、生产设备、服务水平。让客户通过你的演讲感受公司的业务能力，业务员就代表了公司

3. 把控谈判节奏，和高层面谈的时间很宝贵，要提前在记事本中记录本次会谈的要点，争取面谈的时候一次性把问题表达清楚。如果话题被带偏，要及时拉回来

4. 确认谁是老板的影响者，提前做功课，熟悉客户的产品线，询问客户对产品的建议，讨论新产品的开发、生产、销售要如何改进，让客户感觉到你的专业，感受到你足够重视他们公司。一定要找到专门负责采购产品的人来谈，避免找错人

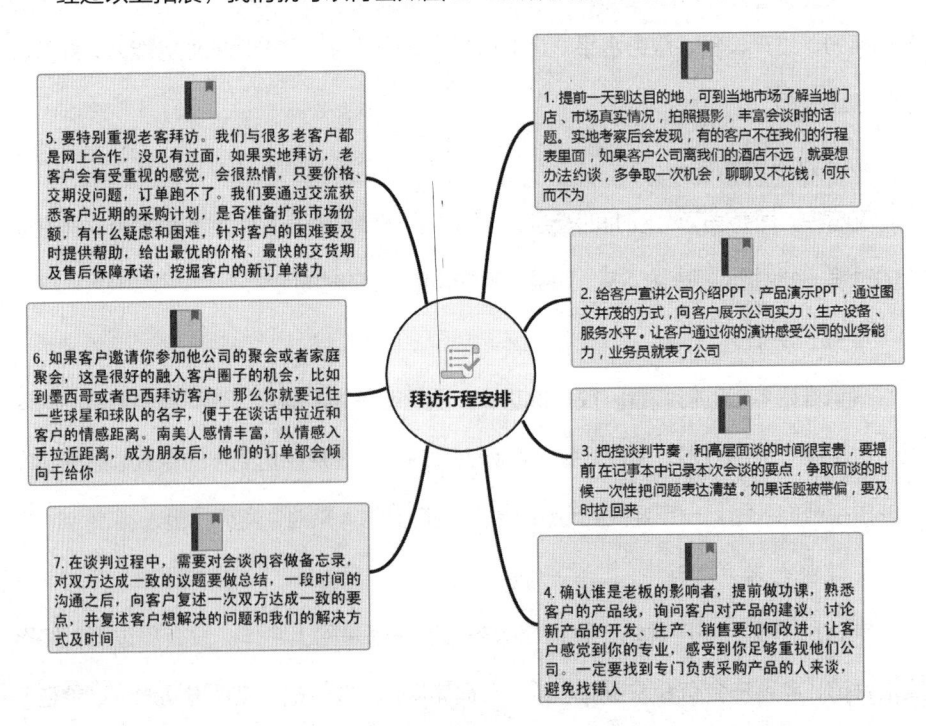

图2-39

三、拜访后的总结

结束拜访后，我们需要对当天拜访的得失、会谈内容进行总结。

（1）当天拜访结束后，总结当天洽谈的内容要点，把双方达成一致的内容列明，形成文件发给客户。这样可以展示我们专业高效的业务能力和逻辑条理性，也符合欧美的商业习惯，客户会感觉跟你交流很愉快，和聪明人沟通不会累。

（2）要分析和总结当地市场、经济情况，有多少品牌，消费者的消费习惯，产品的市场潜力，零售价格，门店人流量等。

（3）会谈结束后回到酒店，要反省一天的不足，对客户判断是否全面准确，是否因为获取客户信息不完善而错误地安排了拜访顺序，重点客户没有优先拜访。

（4）有任何疑问一定要和客户确认，尽量避免没有经过确认，自己想当然地做判断。还要确认客户公司有哪些人可以为我所用，可以获得更多信息。

经过以上拓展，我们可以得出如图 2-40 所示的思维导图。

图 2-40

完整的海外客户拜访规划思维导图见本节前的拉页。

● 第四节　有效制订客户来访应对计划

一、为什么要重视客户来访和制订应对计划

客户提出来我们公司拜访，说明客户已经将我们列为潜在供应商，客户需要实地考察，比较各个供应商的优缺点，以便选择最合适的供应商进行合作。在这个阶段，客户来访时往往会做很多关键性决定。能否拿下订单，公司业务团队和各部门之间合作的表现就会变得至关重要。因此，做好客户来访的应对计划就成为是否能拿下订单，让客户给公司打高分的关键性环节。

二、如何顺利完成客户来访接待工作

怎样才能在客户来访过程中，促进客户下单呢？

那么我们首先要思考几个问题，比如接待客户来访，我们的目标是什么；我们要给客户展示什么才能获取客户芳心；如何安排接待的细节才能让客户留下好印象；我们可以从客户来访过程中获取什么有价值的信息。

借助思维导图，我们可以把思考好的四大问题逐一拓展开，如图 2-41 所示，一步步做好客户来访接待规划，顺利完成接待客户和谈判接单的工作。

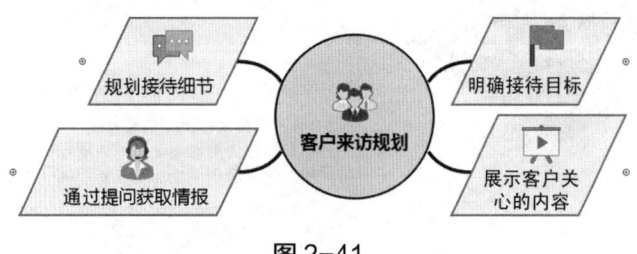

图 2-41

客户来访规划可以划分为四个模块：明确接待目标，展示客户关心的内容，规划接待细节，通过提问获取情报。如果准备不充分，我们就会白白浪费绝佳的成交机会。

（一）明确接待目标

我们需要考虑至少两个要素：

（1）展示客户关心的内容；

（2）从客户那里获取有价值的信息。

对此，我们可以进一步展开思维导图，如图2-42所示。

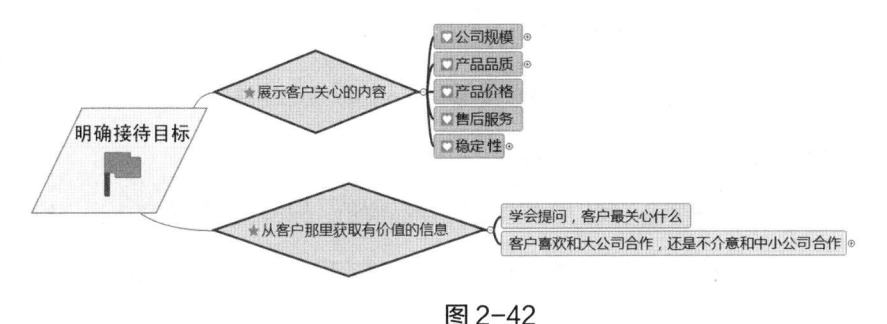

图2-42

很多外贸小伙伴担心自己公司规模不大，客户看不上，就很害怕客户来访。其实，这些担心没有必要。因为公司规模大不等于产品价格便宜，公司规模大不等于产品品质高。客户最关心的是产品的价格和品质，以及供应商的稳定性。

客户不希望和干两年就跑路的工厂合作，客户喜欢和有售后服务的公司合作，因为省心。规模大的公司不一定能吸引客户，客户反而会担心大公司倒闭，因为大公司资金更紧张，中小企业的老板踏踏实实做，反而活得更久，客户喜欢和活得久的公司合作。

客户来访时我们需要学会向客户提问，问出客户关心和担心的问题，以便对症下药。

（二）展示客户关心的内容

客户最关心的是产品，那么我们要围绕产品给客户展示如下几点内容：

（1）向客户展示产品的加工过程、加工细节；

（2）向客户展示我们的质量管理控制过程和细节；

（3）带客户参观生产流水线；

（4）向客户演示产品操作。

我们为什么要带客户参观生产流水线？

第一，可以延长客户在工厂停留的时间，加深客户的印象。

第二，业务员可以从产品原料上机开始，边走边讲解，如何投放原料，半成品如何装配，成品如何检测，如何进行质量控制，如何处理故障，产品如何出库。这样可以显示公司业务员的专业度。

如果是 LED 灯，就演示亮度，是否会频闪；如果是电动工具，就现场演示使用效果；如果是机器设备，要展现省材料、省电、省人力以及稳定性，等等。还可以让客户自己抽查产品，实际检验，切身体验。

给客户演示产品操作前，我们要提前练习产品演示，配备熟练的操作人员、检测人员，准备好所有检验设备，熟悉操作步骤、检验流程，做到客户来访时演示万无一失。

在这个阶段，给客户展示出他关心的产品的全部细节，无疑会给公司大大加分，会让我们从潜在供应商中脱颖而出。

（三）规划接待细节

客户来访都是希望找长期合作伙伴，希望供应商可以提供后续服务。我们可以通过公司环境布置、人员素质、团队表现来赢得客户的青睐。

我们拓展一下思维，就可以画出如图 2-43 所示的思维导图。

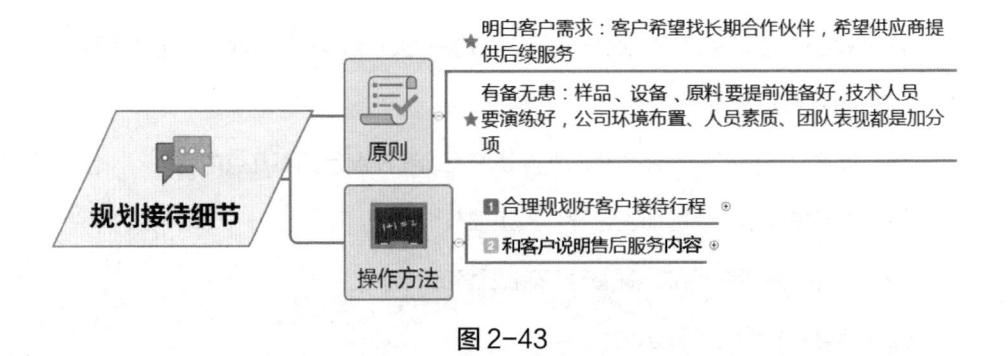

```
规划接待细节
├─ 原则
│   ├─ ★ 明白客户需求：客户希望找长期合作伙伴，希望供应商提供后续服务
│   └─ ★ 有备无患：样品、设备、原料要提前准备好，技术人员要演练好，公司环境布置、人员素质、团队表现都是加分项
└─ 操作方法
    ├─ ❶ 合理规划好客户接待行程
    └─ ❷ 和客户说明售后服务内容
```

图 2-43

1. 合理规划好客户接待行程

我们需要提前准备好样品、检测设备、产品原材料，调试生产线，确保客户来时可以顺利演示。引导客户通过公司的文化展示区，让客户进公司时感受公司的企业文化，通过文化墙展示员工生活、公司团队建设活动。让客户参观员工的生活区、办公区、文化活动区，让客户感受到这个公司是打算长期经营的。员工有归属感，才会长期在公司工作，公司才能长久发展，下单给这样的公司比较放心。

生产车间保持整洁，设备不要被很厚的灰尘和油污覆盖；地板上不要到处是边角料和各种生产垃圾。要提前准备好客户需要看的各种材料，包括报价单、技术文件、检测结果文件、公司认证文件等，不要等客户要的时候再临时去找。

2. 和客户说明售后服务内容

可以向客户说明公司提供的各项售后服务，比如我们可以提供免费技术培训、操作培训视频和远程视频指导，甚至可以派技术员到他们当地指导、培训他们的员工使用操作，或者他们可以派人来我们公司学习。

业务员要和客户说明我们的售后问题应对机制，如果产品出现什么问题，我们的应对机制是什么，需要清楚地告诉客户，打消客户的疑虑。

（四）通过提问获取情报

提问是很好的获取情报的方法，通常我们需要获取以下几个重要情报：

（1）客户的采购计划；

（2）客户最看重什么；

（3）客户拜访了哪些竞争对手；

（4）客户公司的决策者是谁；

（5）客户的顾虑和疑虑；

（6）客户对产品的了解程度；

（7）客户的从业经历和未来规划；

（8）客户的家庭情况、爱好、性格。

通过以上八点，我们就可以画出如图 2-44 所示的思维导图。

```
★客户的顾虑和疑虑                    ★客户的采购计划
★客户对产品的了解程度      通过提问获取情报    ★客户最看重什么
★客户的从业经历和未来规划              ★客户拜访了哪些竞争对手
★客户的家庭情况 爱好 性格              ★客户公司的决策者是谁
```

图 2-44

1. 询问客户的采购计划

比如我们可以问客户，采购计划在哪个月进行，这个月是否有采购计划，一般保持几个月的库存，等等。通过客户的回答，我们就可以判断客户是否会下急单，客户的下单频率是多少，什么时候需要补货，等等。

2. 客户最看重什么

有的客户对价格敏感，一直强调价格，那么就可以判断只有价格可以打动他。有的客户看重交货期，在价格和品质相差不大的情况下，客户会选择生产速度快或者有库存的供应商。有的客户强调高品质，但很多客户也会夸大其词，价格报高了，他们又不好意思说买不起，就开始敷衍，那么我们就可以推荐中端品质的产品给他们，说明这个品质、价格符合他们的需求，品质也完全可以满足市场要求。在客户来访和与客户交流过程中，我们要观察客户纠结于哪些问题，才可以针对客户关心的点来应对。

3. 客户拜访了哪些竞争对手

我们可以从客户手中的资料判断他们拜访了哪些竞争对手，比如目录册、公司宣传册等。也可以问问客户，对其他的供应商最满意的是什么，是产品品质、售后服务，还是交货期。

4. 探知客户公司的决策者是谁

我们可以通过问话探知客户公司的决策者是谁，比如和客户说："假设我们可以在这个条件下成交，您可以拍板签合同吗？"如果对方说他无法拍板，需要和合伙人、老板商量，那么这个人就不是决策者。也可以通过给对方戴高帽探知他是否有决策权，比如和客户说："公司派您一个人来中国，老板一定非常欣赏您，让您一个人全权负责中国采购事务，对您是绝对信任的。"根据对方的反应基本就可以判断了。

5. 询问客户的顾虑和疑虑

为了打消客户下单前的顾虑和疑虑，我们可以和客户说，如果他有任何疑问和顾虑，我们都能当场解答。如果他现在有决定不了的问题，可以建议他打电话或者联系老板决定。

我们在接待的过程中可以询问客户，合作成功的可能性有多大。如果客户表现冷淡，或者表示还需要比较和考虑，我们就要问出客户不满意的是什么问题，追问如果改进这些问题，合作的可能性有多大。

6. 询问客户对产品的了解程度

我们可以通过问话探知来访客户对产品和行业是否有足够了解。

比如问客户之前是否用过中国制造的产品。向客户提一些专业的技术性问题，看客户对技术方面是否专业，如果客户很不专业，那么就比较容易接受销售的建议和引导，业务员告诉客户产品的优势，如省钱、节省人力、运行稳定即可；如果客户是专业人士，他就会更喜欢和专业的业务员沟通。

还可以问客户，他们国家是否有同类产品制造商，客户为何到中国来采购。在当地是否容易找到配件，如果不容易，就可以建议多买配件搭配销售。

还可以问客户采购产品后产品的流向是哪里，是客户自己用，还是销售给其他终端客户。如果是客户自己用，那么他会更关注品质、稳定性；如果是销售给终端客户的，客户会更关注价格和售后服务，因为不希望销售产品给他带来麻烦。虽然价格很重要，但产品流向会影响客户的采购决策，我们接待时谈判的侧重点也要有所不同。

7. 询问客户的从业经历和未来规划

国外客户对自身的职业有比较强的信念和荣誉感，比如我们可以问客户，什么时候入行的，有什么特别的经历，有什么特别的感受，有没有遇到骗子或贴心的业务员，等等。如果客户和我们分享他的从业经历和故事，就会拉近我们和客户之间的情感距离。

还可以询问客户未来的规划，以便我们了解客户公司的发展前景，如果客户公司是一个发展迅速的公司，那么我们伴随其一起成长，我们未来也将获利丰厚。

8. 了解客户的家庭情况、爱好、性格

我们通过问客户一些私人信息，可以在接待客户时扩充谈资，比如恋爱、结婚、育儿、养生保健等话题，创造轻松一些的谈判气氛，因为一直谈产品、技术、价格、合同，会让气氛非常严肃。在轻松的氛围下，很多问题都很好问，订单也容易在轻松的氛围下确定下来。

客户来访规划完整思维导图如图 2-45 所示。

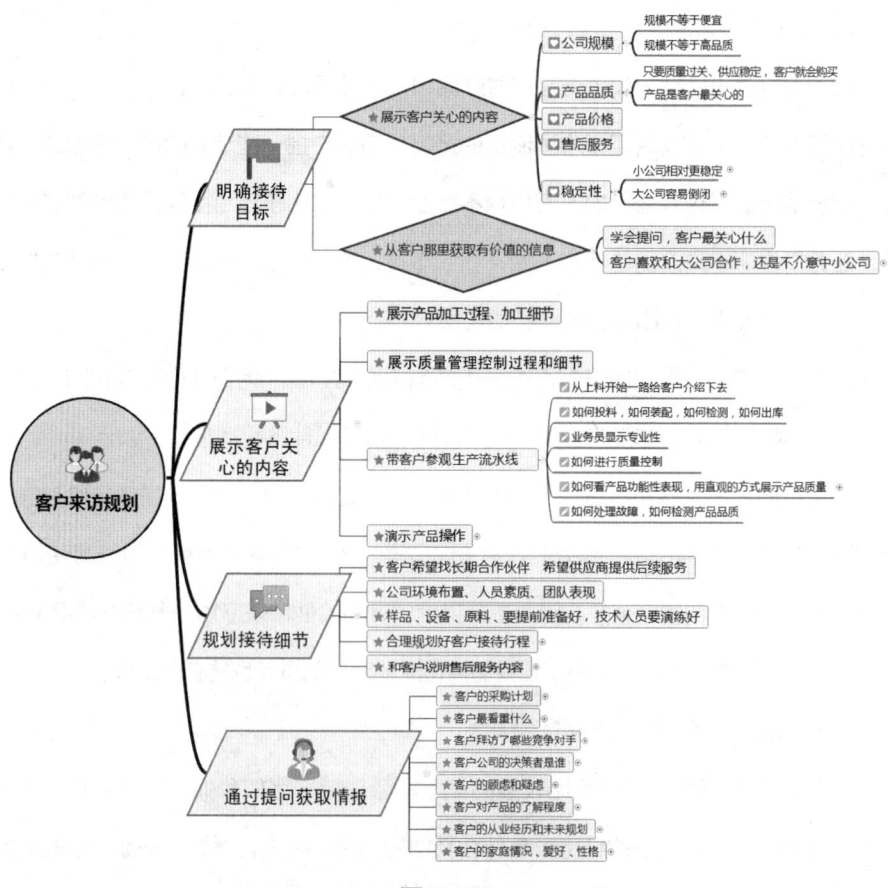

图 2-45

第五节 大客户开发模式起底

一、为什么要研究客户公司的组织结构

因为任何一个公司都是一个组织，组织成员在做决定的时候，都会有一个决策流程，我们来看图2-46所示的简化的公司组织结构图。

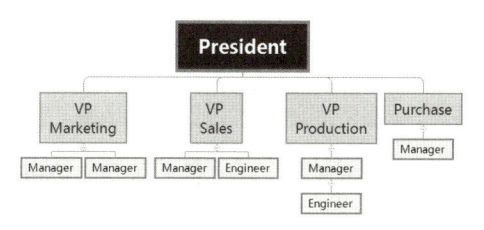

图2-46

在最上面的是President，即公司的总裁，然后下面有四个部门，分别是Marketing（营销）、Sales（销售）、Production（生产）和Purchase（采购）。第一个部门负责市场营销，第二个部门负责销售，第三个部门负责生产，第四个部门负责采购。每一个部门下面都有部门经理，每一个部门经理都有自己的职权。梳理了一个公司的组织结构之后，我们再根据这个组织结构图去找对应的关键人。如果我们找的不是关键人的联系信息和邮箱，那么我们发出的信息就会毫无目标，信息就会在他们的公司组织结构当中流失掉。

二、如何开发大客户

我们如何找到客户公司的关键人呢？

不同的公司有不同的企业文化，有些决策者喜欢事无巨细地管控，有些决策者喜欢听别人的意见，将决策权下放。很多外贸业务员认为是采购者就有决策权，或者认为CEO有决策权，或者认为营销部门有决策权。这种惯性思维是错误的，就算我们的经验告诉我们，我们成交的上一家公司的决策者是这个公司的副总或者CEO，也

不代表我们的下一个客户也是这样。

通常我们的策略有两种，一种是自上而下，一种是自下而上，那么我们就可以用思维导图来确立开发大公司客户的流程，如图 2-47 所示。

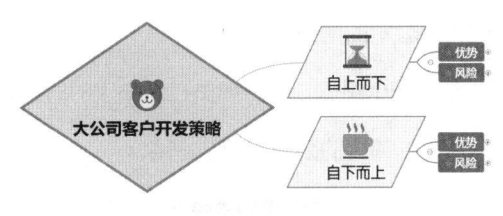

图 2-47

我们很容易假设客户公司采购的决策者是公司内部最有影响力的人，还通常会认为组织结构中的高层是我们要找的对象。因此自上而下的策略成为一种很流行的销售策略，这种策略往往看起来比较有道理，但是业务员在实际操作当中往往会碰壁，因为高层不见得就是正确的对象。举个例子：如果你要卖价值 1 万美元的鞋子给一个小型零售商，直接联系客户公司的高层是合理的做法，因为这家公司的老板就是唯一有权做购买决定的人。如果你要卖价值 100 万美元的医疗器械给一个医疗器械公司，在销售流程一开始就联系公司的 CEO 未必是合理的做法。因为大企业有层层决策的限制，一开始就直捣黄龙，联系企业的高层，会大大降低成功率。基于以上思维导图，我们就需要考虑，使用一种策略的优势和风险是什么，思考之后我们就可以画出如图 2-48 所示的思维导图。

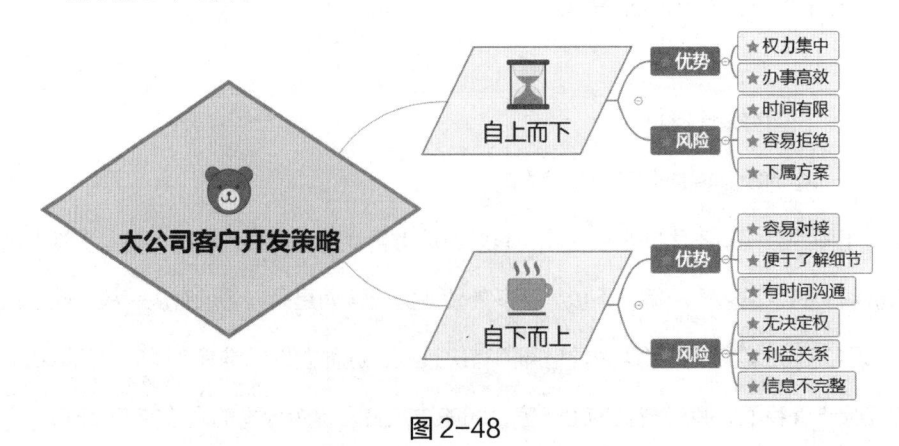

图 2-48

（一）自上而下策略

由上而下策略最大的优点就是可以利用权力。如果你接触到客户公司内部的某位高层人士，而且他将你介绍给职位较低的人，你就可以利用这种新的关系进行连接。比如你可以告诉对方："Hi Tom！I've talk with Bill. He asked me to talk with you. Could I talk with you for 1 minite？"（你好，汤姆！我和比尔谈过了，他让我找你谈谈。我能耽误你一分钟吗？）通常在这种情况下，你都会获得进一步沟通的机会，原因在于我们运用了高层人士的权力，帮助我们找到新的连接对象。

自上而下策略的风险是什么呢？

企业的高层人士往往会被销售电话和电子邮件不断地轰炸，资深的经理人通常非常忙碌。你找的高层的经理，可能与具体的业务细节层面距离非常远，没有意识到你的产品对他们公司有什么重大利益，而且就算意识到了你的价值，也可能因为时间有限，没有办法亲自参与组织内部的每一项决策。

另外一个风险是，如果高层主管认为他们不需要你的产品，或者他们已经打算采用其他供应商的产品，他们就会用一句"不用了，谢谢，我们已经有供应商了"，迅速结束和你合作的机会。被拒绝之后，虽然你也可以联系职位较低的销售对象，但是最后你还是要回头应付那个已经开口拒绝你的高管。

第三个风险就是你接触的高层喜欢你提供的方案，而且他也愿意介绍你给公司的内部负责人，但公司内部职位较低的负责人可能会讨厌你越过他们，直接找高层压任务给他，从而怠慢你。

（二）自下而上策略

自下而上策略，就是我们首先联系客户公司内部职务比较低的负责人，这种策略最大的优点就是比较容易对接，比如说产品经理或者是市场营销经理，他们通常会花时间和你谈产品的细节问题，而且他们比较接近项目操作层面。我们知道大部分的人都喜欢在同事或者上司面前有所表现，如果我们能争取到他们的支持，能将产品的价值传达给公司的更高层的负责人，通过他们公司内部人员的推荐获得信任，要比我们直接去找他们的 CEO 推荐产品更有效。

联系职位低的人最大的风险就是你会被某个没有决策权的人阻拦。他们对公司的策略和采购方向及时机毫无决定权，你没有办法从他们那里得到完整和正确的信息。

另外一个风险是，如果他们觉得增加了你这个供应商，很可能会影响他们的利益，他们就会怠慢你。比如原来他从 A 供应商那里采购后，可以获得比较高的佣金，而从你这里采购并没有好处，那么把你加到他们的供应商体系中就会损害他原来的利益，他就会设法阻碍你。

那么，我们要采用哪种策略才能行之有效呢？我们需要把公司的几个关键角色找出来。

（三）客户公司关键角色

小规模的商品采购，比如说鞋子、办公用品、电子礼品、电子消费品等，通常决策者是个人。但如果是向大型企业销售高端的产品和设备，比如销售 SMT（表面贴装技术）贴片的流水线，或者销售矿山机械、医疗设备等，这些涉及重大项目的采购决策，很少是由一个人来做决定，因为一旦购买，影响面会非常大，不仅会对购买设备的企业本身产生影响，而且还会对下游的企业和周边的社区产生影响。当购买决定牵扯的人数众多的时候，把重点放到一个人的身上，希望他可以独立进行决策是不可能的。这时如果我们把重点放在每一个对决策结果有影响力的人身上，成功率就会增加。

如图 2-49 所示，这些人包括决策者、影响者、决策主管、内部人士和消息人士。

图 2-49

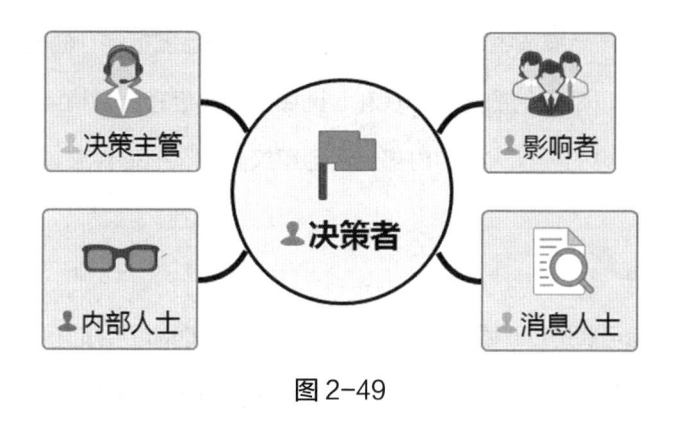

1. 决策者

决策者是在购买决定中最后拍板的人，他们有权力接受或者拒绝你，他们要对自己的决定负责。他们很少在没有外界影响的情况下做决定，因为他们会受到身边人的意见的影响。决策者可能会是 CEO，或者是总裁，也可能是财务总监。

2. 影响者

影响者是决策者会倾听意见的人，虽然他们不能直接作出购买决定，但是他们会提供足以左右采购决策的信息，最终影响你的销售结果。影响者会是产品经理、采购经理、验厂的质量管理人员等。在和客户公司人员的沟通当中，其中说话和提问题最多的人未必就是影响力最大的人。最有影响力的人，有可能是在拜访工厂的过程或在会谈当中安静坐着很少发言的那个人。

3. 决策主管

决策主管是什么角色？大企业通常会将权力下放，因为高层通常没有办法亲自参加每一次的采购流程。大部分的权力会下放到采购主管那里，这些主管不会参与产品方案的详细评估，但是会参与最后的购买决定。决策主管通常不太喜欢自上而下的销售策略，他们会依赖他们下属的专业度，依靠下属提出最佳的方案来完成采购决策。

4. 内部人士

内部人士是在客户公司非常想要你提供产品和服务的人，让你的成功变成他们的成功。你的产品被选中，他们就会获益，你的产品被拒绝，他们将碌碌无为。我们要找出谁可以从我们的产品中获利，比如说产品经理、营销经理、采购主管等都有可能成为你的内部人士，内部人士的层级越高，他们对采购决策的影响也会越大。

5. 消息人士

消息人士有可能是行政助理或者是总经理的秘书，他们可能知道你的对手在做什么，或者公司的预算情况，他们也可能知道决策者什么时候回到办公室。建立和公司内部消息人士的关系，你能获得许多客户公司内部的情报，制定销售策略时就能有的放矢。

当客户公司组织结构非常复杂的时候，尽量不要采取直接进攻公司最高层的策略，因为他们没有时间，也没有精力来处理小项目，他们只有在公司项目的关键时刻、处理关键大问题的时候才会出面。

● 第六节 成功避开风险的学问

外贸业务员很多时候会把工作重心放在客户开发和接单上，而对接单风险往往不够重视，直到钱货两空的时候才追悔莫及。世界上没有后悔药，学会控制风险，才能在国际贸易中立于不败之地。

我们如何控制外贸交易中的风险呢？

在国际贸易中会遇到各种各样的潜在风险，运输环节、汇率、各国政局、收款环节、贸易壁垒、知识产权、客户公司经营等都有可能出问题。特别是近些年"黑天鹅"事件频出，外贸业务员就需要更加小心谨慎。那么，我们就借助思维导图，列出可能出现的各项风险要素，如图 2-50 所示，再一一拓展开。

第二章 决胜——外贸实战，思维制胜

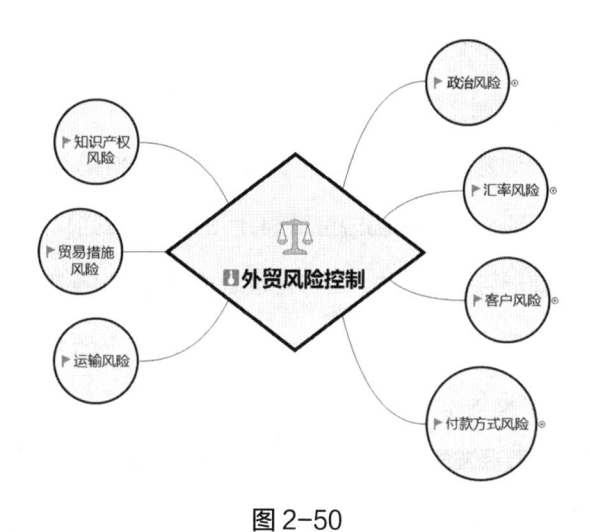

图 2-50

下面我们针对这些主要风险环节进行一一剖析，并制定防范措施。

一、政治风险

我们做生意都是基于诚信为本、童叟无欺的原则，但也经常会碰到一些困扰，比如客户要下 100 万美元的订单，但他所处的国家政局不太稳定，客户愿意支付 15% 的定金，这个单子我们做还是不做？这就涉及一个问题，如果我们对某些国家或地区的政局没有信心，担心尾款收不回来，应该怎么应对。

我们可以梳理一下政治方面风险较高的国家或地区，制作如图 2-51 所示的思维导图。

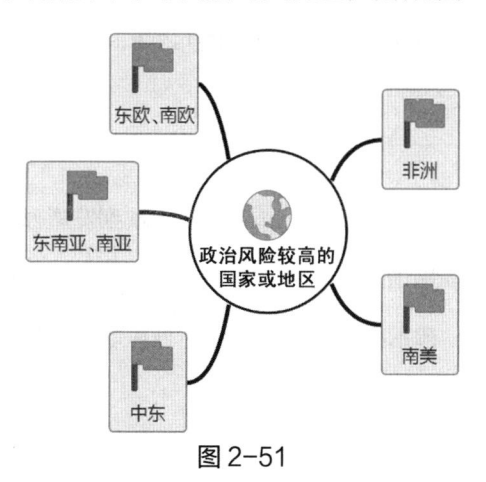

图 2-51

65

(一)高风险地区

1. 东欧、南欧地区

希腊债务危机成为影响欧洲经济的重大风险因素，2018年6月希腊获得欧盟150亿欧元的救助款项，但其债务过高的核心问题尚未得到根本解决。东欧、南欧地区经济发展与出口形势高度相关，经济持续增长的基础尚不牢固，整体经济易受外部因素影响。

2. 东南亚、南亚地区

近年来亚洲多国政局发生变化，东南亚、南亚部分国家政府换届导致外交转向，这些情况对项目合同执行会造成一定的政治风险。

3. 中东地区

近段时间，区域争端引发摩擦冲突的可能性加大，相关国家的关系更趋复杂，这些风险都对我国企业对外贸易产生了负面影响。

4. 非洲地区

非洲大部分国家经济结构单一，对外支付能力易遭受国际环境变化的影响。因此和非洲地客户交易时应重点关注政治风险。

5. 南美地区

受全球大宗商品价格下跌、美元升值、国际资本回流，以及南美相关国家自身外汇收支的影响，南美多国汇率近期均呈大幅波动态势，外汇管制有可能加剧。因此南美地区的政治风险值得关注。

(二)应对策略

应对高风险国家或地区的订单，一定要坚持款到发货原则，也可以以见票即付信用证（开证行必须是国际知名大银行）结算。不接受高风险国家或地区的商业银行开立的信用证，知名大银行开立的信用证可以到银行做抵押，降低钱货两空的风险。

二、汇率风险

2018年8月11日,土耳其里拉暴跌,里拉自2018年以来持续出现严重贬值,年内最大跌幅超50%,汇率风险近期迅速升级。土耳其市场基础脆弱,外债占比高,市场整体信心不足,其国内的政局动荡、持续性的高通胀问题、涉及反恐的外交冲突、特朗普宣布对钢铝征收双倍关税等因素叠加,令土耳其在汇率、债券、股票等金融市场上同时遭受大幅波动。

2018年上半年,巴西雷亚尔经历了大幅度的贬值,兑美元的汇率一路从年初的3.2跌到6月底的3.9左右,跌幅超过20%。

2018年新兴市场十大风险货币,包括委内瑞拉玻利瓦尔、阿根廷比索、南非兰特、土耳其里拉、巴西雷亚尔、墨西哥比索、印度卢比、越南盾、印度尼西亚卢比、白罗斯卢布。

货币贬值会导致这些国家进口减少、订单缩减、客户拒付等问题。

三、客户风险

接到订单是外贸业务员最开心的事情,但这仅仅是开始,不是每一份订单都可以一手交钱一手交货,如果不控制好客户风险,也有可能钱货两空!

客户风险有很多种,比如客户公司倒闭、遇到骗子公司、客户公司现金流断裂、客户故意不收货逼迫供应商降价等。

应对客户风险,首先我们需要对客户公司背景进行调查。

我们可以利用谷歌卫星地图查询客户公司地址,确认客户公司是否真实存在、公司建筑物大小。我们还可以查看客户公司网站,了解客户公司成立时间、公司背景、做过什么项目,通过谷歌等社交网络查看客户公司有多少员工,以便判断客户公司实力和规模。我们还可以通过谷歌搜索客户公司是否有严重的负面新闻和严重的债务问题,搜索客户公司是否有欺骗中国供应商的记录,是否被国内外媒体曝光过,以预防客户违约的风险。

如果是老客户，要根据老客户的下单习惯，观察是否有异常行为，比如以前下单都是50万美元一次，付款方式都是发货前付清尾款，现在下单突然增加到200万美元一次，付款方式要求到货后30天支付尾款。在这种情况下我们就要提高警惕，需要搞清楚为何客户公司突然将下单金额提高3倍，并更改了付款方式，是否是客户公司现金流不足，客户公司是在扩张，还是准备骗一笔大的。有的问题需要和客户沟通确认，也有的问题要雇佣客户当地的第三方人员去客户公司实际了解情况，确保万无一失。

四、付款方式风险

在外贸业务中，我们常用的几种付款方式是T/T（电汇）、L/C（信用证）、D/P（付款交单）。很多国内工厂的老板由于不熟悉外贸付款方式，都规定外贸业务员只能用前T/T方式收款，目的是确保货款绝对安全，而把L/C和D/P视作洪水猛兽。国际贸易支付方式多种多样，30% T/T定金，70%尾款见提单复印件付款，是基本上都可以接受的支付方式。如果一味限制业务员用前T/T款到发货的方式，就会流失很多客户和商业机会。我们结合客户的国别风险程度，控制好付款方式中的风险，就可以在扩大出口的同时，确保货款的顺利回收。

（一）T/T 100% advance（以电汇方式预付100%的货款）

T/T 100% advance是款到生产，对于出口方是风险为零的付款方式，对于进口商来说风险是100%。这意味着货没有开始做，出口方就收到全部货款了。这种付款方式只有在客户非常急需某种产品，必须在很短的时间内收到货，而且只有屈指可数的供应商可以完成，客户没得选择的情况下才会接受。这样的订单金额一般不会太大。

（二）T/T 30% DEPOSIT and 70% balance before shipment（以电汇方式预付30%定金，70%余款在装柜前付清）

这种付款方式也是安全的。定金比例收得越高，安全系数越高。

通常商业信用较好的国家，比如美国、加拿大、德国、法国、英国等，只要我们调查好客户公司背景，确认客户公司是正常的有实力的公司，通常都可以安全收款。在收了定金后碰到客户弃货的情况，我们可以转卖货物，应对方案还是比较多的。

如果是高风险国家，客户是可能付了定金也弃货的，比如近期土耳其里拉暴跌，土耳其客户付了定金，如果他要继续进口，那么他就要花更多的里拉去换美元，汇率吃掉了他的利润，如果他对货物的市场预期不高，就会弃货。因此，面对高风险国家或地区的客户时，我们就要调整付款方式，确保货款安全。

（三）T/T 30% DEPOSIT and 70% L/C at sight（以电汇方式预付 30% 定金，70% 余款用即期信用证方式结算）

这是非常安全的付款方式，最大的风险在于如果单据出现不符点，客户会拒付。但是客户基本上都会接受不符点付款赎单，因为客户已经付了 30% 定金，不可能为了单据上的若干不符点而不要定金不要货。除了高风险国家或地区，这种付款方式还是非常安全的。

五、知识产权风险

2015 年圣诞节，平衡车在欧美市场热卖，但随之而来的 2016 年 1 月，美国亚马逊等电商平台因专利纠纷问题将平衡车全面下架，已经收到货的客户也可以在亚马逊平台全额退款，中国的很多亚马逊卖家因专利纠纷而血本无归。同样，2017 年，"指尖猴子"这个品牌的产品也是因为专利问题而被亚马逊下架，并被欧美市场禁止销售。我们在选择出口产品的时候，应尽量避免有专利纠纷的产品，以免客户因为专利问题而甩货和退款。

六、贸易措施风险

2018 年 6 月至 10 月，特朗普陆续对超过 5 000 亿美元的中国商品加征关税。这些贸易措施，无疑加大了中国出口商的出口难度，降低了利润。因此我们要关注目标市场的政府政策，如果出现不利政策，我们要及时调整市场方向，寻找新的市场，也要根据政策变化及时调整价格和销售策略，以应对贸易措施的变化。

七、运输风险

一般货物在海上运输时间都较长，因此在海上运输过程中、转港过程中、码头仓储过程中或者码头装卸过程中都有可能发生意外，导致货物灭失。我们需要给货物买好相关的保险，如果有损失，可以获得保险公司的赔付，减少损失。

第三章 CHAPTER THREE
极速——令人叹为观止的提升效率的思维模式

第三章 极速——令人叹为观止的提升效率的思维模式

一个人要想在社会上有所成就，必须学会三件事情：时间管理、财富管理、人脉管理。

对于一个刚刚进入社会工作一两年的职场新人来说，每月工资收入五六千元，能存下来的不多，也就谈不上财富管理；由于工作时间不长，认识的人也不多，人脉是需要沉淀和积累的，因此人脉管理也用不上；但时间对于每个人都是公平的，无论是亿万富翁还是穷人，每天都只有 24 小时。

毕业后入职刚刚一两年的职场新人好像都在一条起跑线上，但其实有的人已经被甩开很远了，因为有的人家庭条件比较优越，在家庭的支持下可以毕业后就买房买车，而普通家庭出身的人要想超越同龄人，就必须在时间管理上下功夫。做好时间管理才能让你提高收入水平，实现梦想，完成人生的蜕变。

● 第一节 时间就是金钱，效率就是生命

一、合理规划时间，别让它溜走了

邓丽君的歌中唱道："任时光匆匆流去，我只在乎你，心甘情愿感染你的气息。"这和外贸业务员对客户的心情很相似。外贸业务员要想搞定一个客户，从接到订单起往往要耗费几个月时间，而这几个月当中，又有很多杂事穿插其间，让业务员们觉得每天时间和精力都不够用，好像很忙，但又没做什么有价值的事情，到了晚上脑子都麻木了，只想躺在床上，更不用说花时间去学习、提升了。

二、如何规划时间

怎么样才能让自己有更多的时间，既可以做好工作，又可以很好地安排业余的学习和生活呢？

对于时间，我们通常会有几点困惑，比如：

今天好像很忙，但好像没做什么啊，客户还没有搜索到几个呢！

今天都干了什么，怎么这么快就到中午了？

都快六点了，客户要的产品技术参数的 PPT 还没完成！

六点半要接孩子放学，七点半客户的飞机就要到了，没法分身怎么办？

我感觉刷朋友圈、看抖音和干货文章没多久啊，怎么就过去四个小时了？天啊！

你是不是也有类似的感受，发现时间不知不觉就溜走了，指天发誓明天一定要改，然而并没有什么用。

很少有人会专门分析自己的时间都用到哪儿了，虽然我们都会有一些模糊的时间观念，比如哪些工作用的时间多了，哪些事情时间不够用，但是这种感觉是不精准的，是很模糊的，而且感觉很可能是错误的。如果连工作和生活中的时间花费在什么地方都不清楚，我们就无法管理好自己的时间。

借助思维导图和一些小工具，我们把时间切割为小块，进行量化分析，像警察抓小偷一样，锁定偷掉你时间的大盗和毛贼们。

首先，借助思维导图，我们写出一个问题：时间都去哪儿了？树立起需要进行时间管理的思维，从而利用一些时间管理工具去抓住时间小偷，再结合我们个人的情况来对时间进行管理。

这样我们就画出了如图 3-1 所示的初步的思维导图框架。

时间管理思维：核心是培养时间构成的思维，培养量化时间的习惯，找到时间小偷。

时间管理工具：我们在手机上可以用 aTimeLogger 或者 Mr Time 这两个工具来帮助我们统计时间花费到什么地方去了。

图 3-1

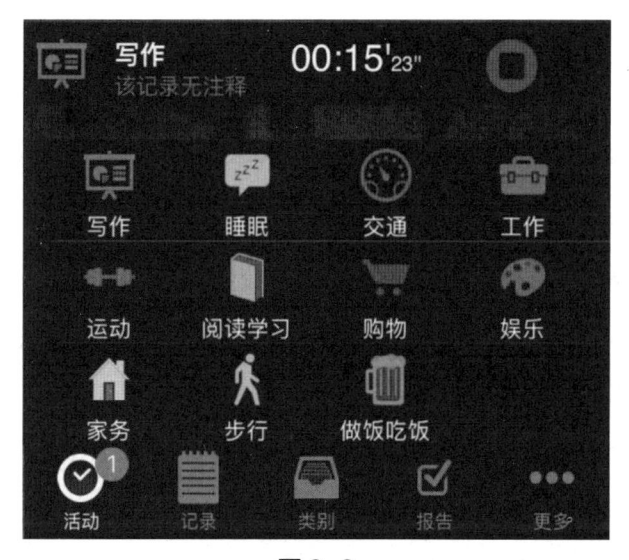

图 3-2

图 3-2 所示的就是 aTimeLogger 的界面。这个软件使用起来非常简单，界面上有各种分类按钮，我们点击左下角的活动，就可以开始统计我们的经典活动场景，比如点击写作，就可以开始统计写作的时间，等写作完成后，点击停止按钮，就完成了一次活动场景的统计。这个软件可以很好地帮助我们统计工作和生活中的一些经典场景花费的时间，从而找到时间的浪费点，让我们清楚时间小偷在哪里。

我们不需要每天都去统计，为记录而记录，不然就会进入时间管理的误区。只要它能帮助我们找到工作生活中经典场景中的时间浪费点，我们就能抓住时间小偷，就能更好地量化管理我们的时间。

（1）时间小偷

它们潜伏在我们的身边，随时偷走我们的时间，它们到底是谁？

休闲娱乐是让人愉悦的事情，但无节制的娱乐就是时间小偷。

休息是让人惬意的事情，但过度的休息就是时间小偷。

社交是工作生活中的重要环节，但无效的社交就是时间小偷。

工作中总有一些重复劳动，机械性的消耗工作也是时间小偷。

强大的执行力是工作效率的保障，如果执行效率低就会出现时间小偷。

这些时间小偷会不知不觉地偷走我们的时间。

（2）个人情况

我们每个人都可以根据个人情况来对自己的时间进行分类，从而做好时间规划和管理。

根据每个人的情况不同，我们可以把时间分为：娱乐型、工作型、休息型、消耗型、损失型、其他型。利用时间统计工具 aTimeLogger 对时间进行统计后，再进行分析总结，就知道我们的时间都浪费到哪里去了。

我们把时间分成这么多种类型，并不是为了统计而统计，而是为了找到管理时间的方法。以娱乐型时间做例子，比如有的人喜欢追剧，并且深陷其中不能自拔，虽然知道会浪费时间，也想过不再追剧，但往往以失败告终。这是因为什么呢？只有找到原因，我们才能找到解决方法。

分析原因后发现，看连续剧容易上瘾，会使人陷入无意识状态，变得没有目标。知道了原因之后，就可以找到解决方法。我们只要树立一个长期目标，并分割成多个短期目标去完成，就不会陷入追剧的旋涡不能自拔。当然，我们不是机器，适当的娱乐是必要的，不然人生将毫无乐趣，只要进行有节制的娱乐，树立时间投资思维，就可以避免时间小偷的光临。

基于以上分析，我们就可以画出一张时间管理的思维全景图，如图 3-3 所示。

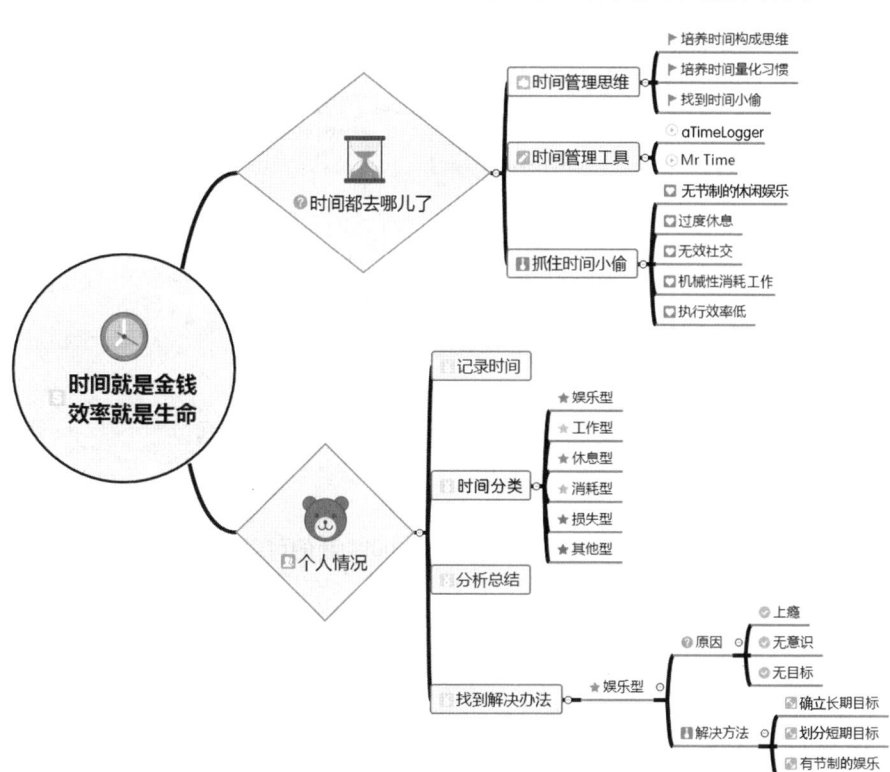

其他类型的时间也可以用以上方法找出时间流失的原因，找到解决方法。

图 3-3

三、时间分类和使用原则

现在有一个很流行的词叫作"碎片化学习"，很多人投入了很多时间，比如利用坐地铁的时间、上厕所的时间进行学习，并坚持了很长时间，但工作水平并没有多大提高，还是需要花费整块时间进行系统学习，这是为什么呢？

（一）时间的分类

大部分人对时间都缺乏分类的思维，对时间一视同仁，导致时间利用效率不高，一天感觉都很忙，但事情又没做多少。这就是因为不会根据时间的特性采用不同的使用方法。时间有不同的划分方式，我们了解了时间划分方式后，才能利用不同的时间来做不同的任务。如图 3-4 所示，我们可以把时间划分为几大类。

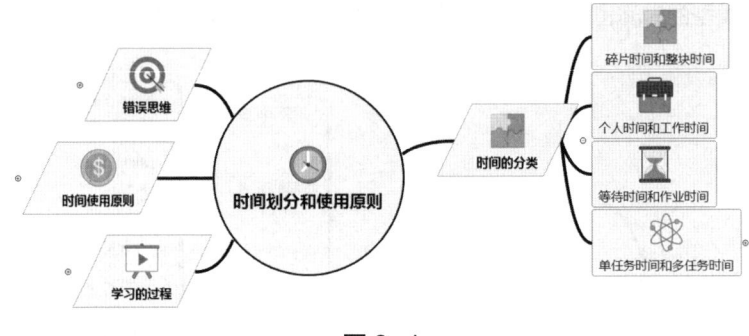

图 3-4

（1）碎片时间

短小的时间碎片，持续时间较短，比如坐地铁、坐公交的时间。

（2）整块时间

是指连续超过 1 个小时的时间段，在这段时间中我们可以不被打扰，专注于某件事情。

（3）个人时间

用于处理个人事务的时间，通常是指下班后的时间。

（4）工作时间

用于处理工作事务的时间。

（5）等待时间

为完成某件事情需要等待的时间，如我们准备给客户做报价单，在等待老板给我们各个产品单价的时候，这段时间叫等待时间。

（6）作业时间

我们获得老板的单价后，开始给客户制作报价单，这个时间叫作业时间。

（7）单任务时间

在一个时间段里面，我们只处理一件事情，如在 30 分钟内，我们只做报价单一件事。

（8）多任务时间

在一个时间段里，多件事情来回切换，如在做报价单时来了个电话，我们就边打电话边做报价单，突然老板又要找一个客户需要的 PPT 文件，我们又切换去找 PPT 文件，最后又回来做报价单。

碎片时间不适合学习和做重要的工作。我们先看一下学习的过程，学习过程分为图 3-5 所示的 7 个过程。

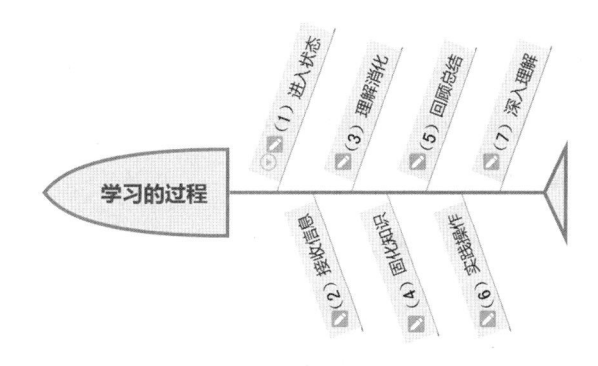

图 3-5

碎片时间通常只有 10 分钟至 30 分钟，这么短的时间，学习的过程只能进行到接收信息或者理解消化阶段，就被打断了，学习过程就中断了，从而无法进入后面的固化知识—回顾总结—实践操作—深入理解阶段，得到的都是不系统的、支离破碎的、不完善的知识，而且没有经过实践操作和深入理解，这些碎片化知识很容易被忘掉，业务技能也没有获得太大的提高，投入的时间就相当于浪费了。

可以利用碎片时间做什么呢？

碎片时间适合用于发现信息、筛选信息、收藏信息。而整块时间适合用于分析决策和系统学习。比如搜索、统计潜在客户网址、潜在客户邮箱、潜在客户公司名称等，这些工作可以利用碎片时间来做，而分析客户公司背景、研究客户公司关键人信息、建立客户公司人物关系图谱、针对性地写开发信等，就需要用整块时间来做。

（二）时间使用原则

图 3-6 介绍了几个常用的时间使用原则。

图 3-6

（1）琐碎事情用碎片时间处理

比如刷微信看文章、刷朋友圈看动态等，是我们获取信息的一些渠道，但不值得我们花费整块的时间去做，平时我们用坐地铁、坐公交或者吃午饭的时间看看即可，这样就不会占用正常工作的时间。

（2）琐碎事情集中时间段批量处理

比如回邮件、回社交信息等，一封邮件或者一条信息通常花费时间不多，如果来一封就回一封，你就会穷于应付，工作效率很低。我们可以用一上班打开电脑的一个小时作为集中回复邮件的时间段，或者将下午的某一个小时作为回邮件的时间段，这样处理邮件的效率就很高。我们不能想做什么就做什么，能将琐碎事情集中处理就非常好了。

（3）学会任务划分

我们要按照任务的紧急和重要程度来对任务进行划分和分块处理。我们很多时候需要同时做多个任务，很多人都会做着报价单的同时又想着做产品 PPT，还想着用 WhatsApp 和客户联络感情，几件事情来回切换，最后什么事情都没做好。

最好的方法就是把任务分块处理，一个时间段只做一件事情。

（4）控制社交上瘾

现在微信、Facebook、Twitter 等社交软件已经深入我们工作和生活之中，我们会不知不觉地在上面花费很多时间。利用时间统计工具，我们观察一下自己是否在社交媒体上耗费的时间过多，如果是，就要适当控制一下这些时间的花费。

坚持以上四条原则，基本上可以确保我们处在单任务的工作状态，避免多任务多线程的工作状态，大大提升我们的工作效率。

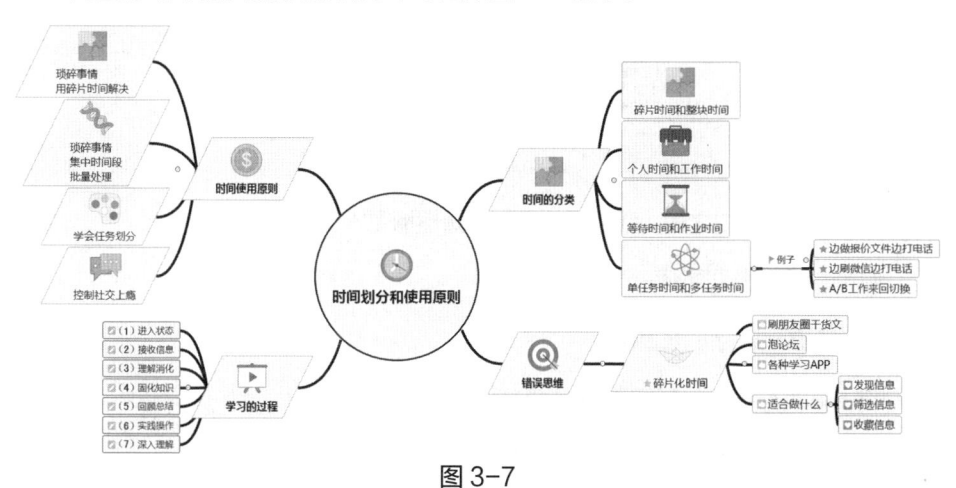

完整的时间划分和使用原则思维导图如图 3-7 所示。

图 3-7

四、任务划分效率倍增思维

普通人对所有事情都是不分轻重缓急，按部就班地去做。工作 A、工作 B、工作 C 在难度、紧急性、价值上都是不一样的，我们不能死板地按照顺序去安排、执行。人都会有效率高和效率低的时候，我们在效率高的时候就要做价值高的事情，在效率低的时候就做价值低的事情。

我们根据各类任务的性质，采用不同的原则和方法，分别对待和处理任务的方法体系就是任务划分。因为不同的任务有不同的特质，处理不同特质的任务需要用不同的方法。

任务划分与处理具体怎么操作呢？我们根据图 3-8 所示的思维导图来拓展。

（一）任务划分法则

1. 时间四象限法则

事情按照重要程度和紧急程度，可以划分为四种情况，即重要又紧急、重要不紧急、紧急不重要、不紧急不重要。任何一件事情都可以放到其中的某个象限。

图 3-8

事情放到象限中之后,我们具体怎么去做事情呢?

四象限任务处理原则:

(1)重要又紧急:马上做;

(2)重要不紧急:没有紧急事情时赶紧做;

(3)紧急不重要:排在重要又紧急事情后面做;

(4)不紧急不重要:有空时做,甚至不做。

综合以上原则,可以得出图 3-9 所示的思维导图。

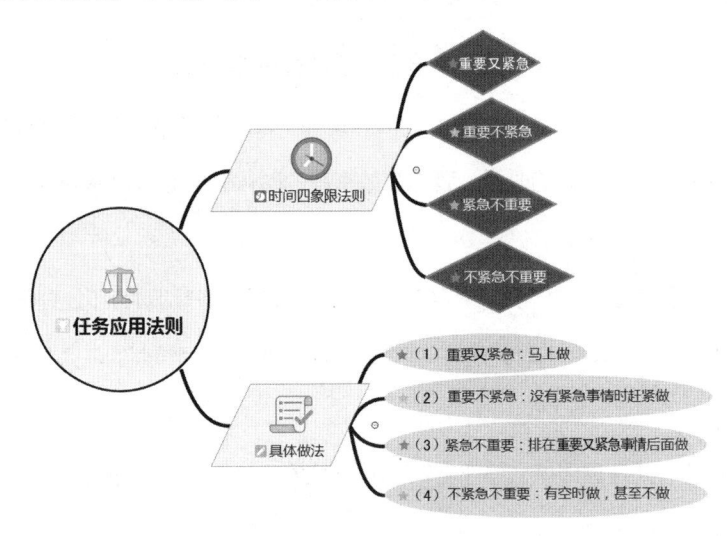

图 3-9

很多人对工作都是不划分主次,按心情去做。这就导致很多人只顾埋头做事,可以不做的事情却花时间瞎忙,很多要做的事情又没有马上做,很多重要不紧急但又对你非常有帮助的事情一直没有做。比如说学习外贸技能,研究客户背景和客户个人资料,这些事情看起来不紧急,短期内你不做也好像对你没什么影响,工资照拿,但长期看会对你的职业发展影响非常大，如果长时间不学习、提升，你很快就会被职场淘汰。

时间四象限法则非常简单易行，只要你有一张白纸，画两条直线，列出任务就可以实行。

2. 其他方法

除了用时间四象限法则，还有其他方法吗？图 3-10 所示的思维导图列出一些方向供大家参考。

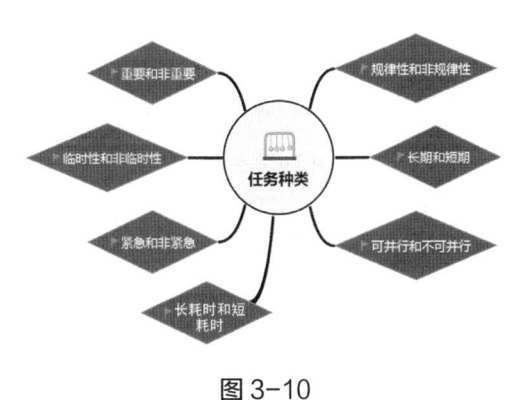

图 3-10

（1）重要与非重要

重要任务是指对生活或工作有重大影响的任务，反之为非重要任务。

（2）临时性与非临时性

突然发生的、计划之外的任务，比如老板突然要你给他调取一位客户的公司资料和关键人的档案，以及上次的客户来访的谈判纪录，你不得不中断手上的工作去做这件事情，这样的任务就是临时性任务。

每天都会发生的在你计划之内的事情，比如你每天都需要上班，每天上班都需要收集一下客户信息，发开发信，回邮件，这些都是每天都会发生的工作，这样的事情就是非临时性任务。

（3）紧急与非紧急

紧急任务是指需要在较短的时间段内完成的任务，反之为非紧急任务。

（4）长耗时与短耗时

长耗时任务：完成一个任务耗费的时间比较长，比如花费超过一个小时，就是长耗时任务。

短耗时任务：完成一个任务耗费的时间比较短，比如花费几分钟到十几分钟，就是短耗时任务。

（5）规律性与非规律性

规律性任务：周期比较稳定、实施时间比较固定的任务，比如你每天早上9点至10点用1个小时回复电子邮件。

非规律性任务：周期不稳定的、实施时间不是很确定的任务，比如你每天都会花一小时读一本书。虽然是每天花一个小时读书，但读书的时间有可能是中午，也有可能是晚上，实施的时间不确定，这样的任务就是非规律性任务。

（6）长期与短期

长期任务：需要花比较长的时间才能完成的任务，比如开发一个国家的新市场，不是两三天可以完成的，通常需要6个月至8个月才能完成。

短期任务：不需要花费很长的时间就可以完成的任务，比如老板让你写一个公司的参展计划，你花费2~3天就可以写完，这样的任务就是短期任务。

（7）可并行与不可并行

可并行任务：你在做一件事情的同时，可以做另外一件事情，这两件事情就是可并行任务，比如你约了客户见面，提前一小时到了，在等客户的同时，你还可以用笔记本电脑给其他客户发开发信，收集一些新客户的公司网址和邮箱等。

不可并行任务：你在做一件事情的时候，是不可能再做另外一件事情的，这就是不可并行任务，比如你在看老A的"国际市场销售冠军"视频课程的时候，就不可能同时看他写的《巧用外贸邮件拿订单》的书。如果你强行并行两个不可并行任务，那么效率就会特别低，效果就会不理想。

（二）任务处理通用原则

任务划分完毕后，我们用什么原则来处理这些任务呢？下面我给大家介绍几种通用的处理原则，如图3-11所示。

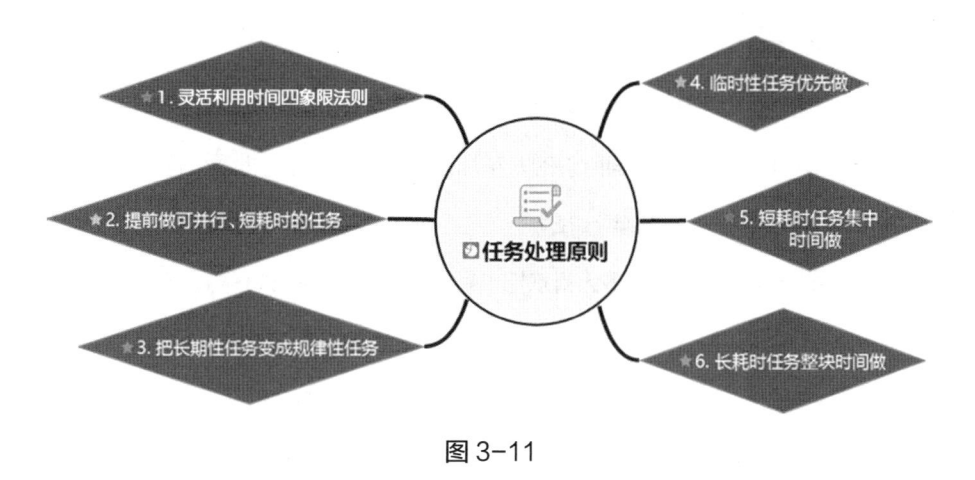

| 第三章 | 极速——令人叹为观止的提升效率的思维模式

```
★1.灵活利用时间四象限法则        ★4.临时性任务优先做

★2.提前做可并行、短耗时的任务    任务处理原则    ★5.短耗时任务集中
                                                时间做

★3.把长期性任务变成规律性任务    ★6.长耗时任务整块时间做
```

图 3-11

1. 灵活利用时间四象限法则

如果我们只用时间四象限法则划分任务，会发现有时候死板地按象限执行，工作效率并不是最高的。举个例子：

（1）早上你来到办公室，老板让你下午交给他一个最新的产品演示的 PPT，他要展示给客户看，你觉得完成这个任务需要大概 2 个小时至 3 个小时；

（2）明天上午你要裁剪好 1∶1 尺寸的产品图片 3 000 张，并发给网站，让他们上传产品图片，弄好它们你需要 1 个小时至 2 个小时的时间。

如果按照时间四象限法则，我们应该先处理第一个重要又紧急的事情，第二个是重要但不紧急的事情，应该推后处理。完成 2 项任务，可能耗时 5 个小时至 6 个小时，也许还要加班。这样处理就未必是效率最高的。在这个例子中，我们发现，图片处理这个任务的可并行性很强，因为我们可以利用 Photoshop 的批量处理功能，设定命令，对图片进行批量化自动裁剪处理。因此用 Photoshop 批量处理图片的时候，你可以同时干别的事情。

那么我们可以先花几分钟设置图片批量处理命令，在后面的 1 个小时至 2 个小时电脑会自动裁剪照片，而同时，我们还可以做老板需要的产品演示 PPT 文件。这样我们完成 2 个任务，只需要 2 个小时至 3 个小时，多出的时间可以做其他的工作。

2. 提前做可并行、短耗时的任务

在不影响重要又紧急的任务的前提下，可以违反时间四象限法则，把可并行、短耗时的任务提前做完，比如前面所讲的，花几分钟时间设定图片批量处理命令。

3. 把长期性任务变成规律性任务

为什么要这样呢？因为很多人喜欢把长期性任务当成冲刺式任务，希望在短时间内搞定它，这样做看似效率高，实际上副作用很大。比如外贸接单，很多人希望通过参加一次展会就能搞定很多客户，接到很多订单，因此就在展会中投入很多成本，而一旦效果不理想，就马上对展会失去信心，甚至对国际市场开发失去信心。

外贸接单和开发客户是一项长期性任务，需要经过客户信息收集、客户背景调查、发开发信及做社交媒体营销、让客户建立初步信任、客户试小单、筛选展会、展前培训、定展、给潜在客户发送观展邀请函、现场谈判等一系列的环节，这些工作都可以变成平时的规律性任务。

把一个接单的长期性任务变成规律性任务，在最后的参展现场接单阶段就会事半功倍，订单如云来，从而建立起开拓国际市场的信心。

外贸接单思维导图如图3-12所示。

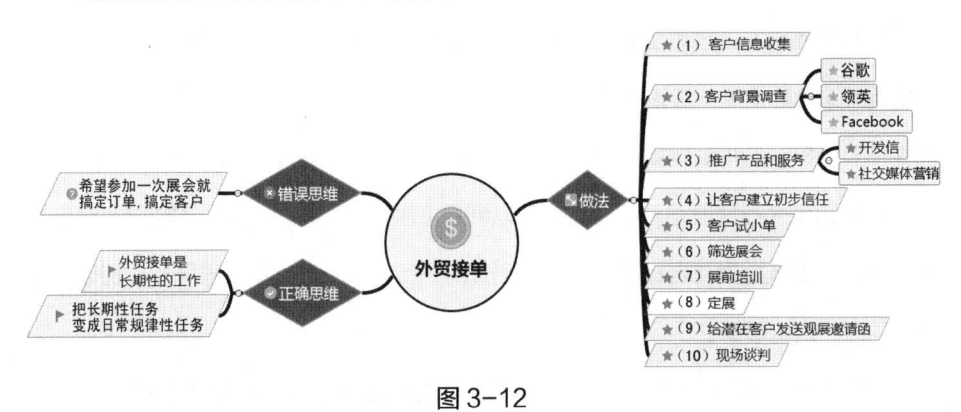

图3-12

4. 临时性任务优先做

临时性任务往往是很紧急的，同时又是必须完成的。如果这个任务是短耗时的，你手上暂时没有特别重要特别紧急的事情，就把临时性任务先解决掉。因为

你无法忽略和逃避它，人都不喜欢计划外的事情，你放着它不管，脑子却不可能忽略它，就会分心，所以不如一开始就先搞定它，后面就可以集中精力做计划内的事情。

5. 短耗时任务集中时间做

比如刷朋友圈，在 Facebook、instagram 给客户点赞，查看客户动态，在领英行业组群里发布信息等维护客户关系的动作，可以集中在一个小时内完成，比如吃完午饭时做。这样就可以留足整块的时间做难度高、价值大的事情。

6. 长耗时任务整块时间做

长耗时任务往往需要集中精力、耗费比较长的时间来完成，所以我们就要尽量安排不被打扰的时间段给它们。

根据这 6 个原则来处理任务，你就可以很快地排列出任务的优先顺序并提高工作效率。

● 第二节　时间管理工具

工欲善其事，必先利其器。磨刀不误砍柴工。

在信息爆炸的时代，我们的大脑已经不堪重负，如同一个超负荷运行的 CPU（中央处理器），强行运行着成百上千个程序，而人脑又不可能像电脑一样可以海量存储，快速调取所有信息。这就决定了，如果我们希望工作效率更高，思维更敏捷，分析判断更准确，就必须把过量的沉淀信息转移到脑外存储。这样我们就可以让大脑在有限的时间内高效地处理各种任务。

我们在工作、生活中会面临各种任务，如果我们想只通过直觉和自认为强大的意志力来管理和控制时间，是不可能做到的。因此我们需要借助一些工具帮助我们合理利用时间，存储和快速调取各类信息。我把这些工具分为图 3-13 所示的三个大类。

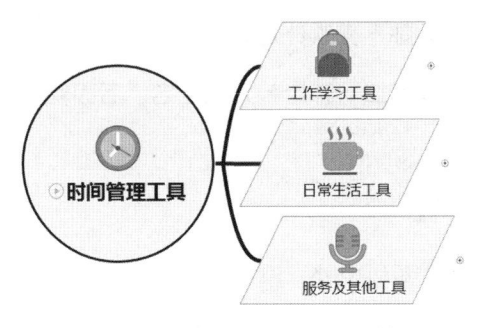

图 3-13

这些工具包括哪些，怎么操作呢？我们根据图 3-14 所示的思维导图来拓展。

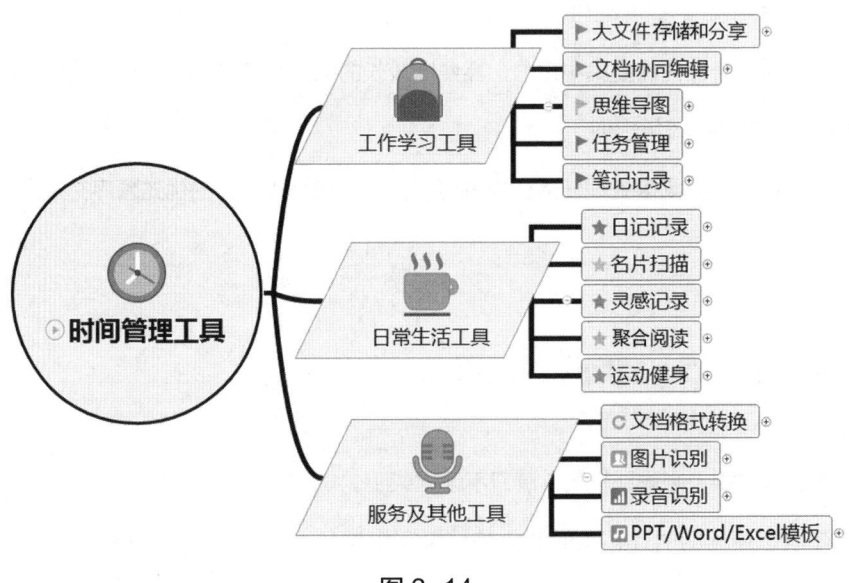

图 3-14

一、工作学习工具

在外贸工作中，我们需要协同工作、存储和转发文件、规划各类任务、记录工作和学习心得等。如果有合适的工具来帮助我们完成这些工作，我们的工作效率将会得到极大的提升。下面给大家介绍一些常用的工具。

（一）大文件存储和分享工具

我们如果需要传送较大的视频和设计文件给客户，通过邮箱发送不出去或者发送得太慢，我们就可以借助百度云或者谷歌云端硬盘来存储和分享，上传文件到云端之后，给客户发一个带密码的分享链接即可，客户就可以很方便地下载。百度云可以免费存储 2 000G 的文件，谷歌云端硬盘可以免费存储 15G 的文件，这个容量对于日常办公来说是足够用的。

我们还可以在网盘中建立文件夹，对文件进行分类存储。由于百度和谷歌有强大的搜索功能，我们可以很轻松地搜索出要查找的文件。

（二）文档协同编辑工具

在外贸工作中如果需要几个同事共同编辑一份文档，肯定要涉及多人之间的沟通、讨论和调整。

情景 1：老板想把公司多个业务员的成交案例编成一本公司内训教材。以前我们都是一个人写一部分，然后用 U 盘拷贝或者用 QQ 传给另外一个人编辑整合。在文件传来传去、改来改去的过程中，版本分不清楚了，又要讨论来讨论去，非常耗费时间。

情景 2: 在公司内训中，业务员们做完报价单、写完开发信后，都是通过邮件发给经理，经理再一封封修改邮件，添加批注，然后发回给业务员，效率不高。

我们现在可以利用石墨文档这个工具来解决工作中文档协同编辑的问题。

我们打开石墨文档的网址（http://shimo.im），注册登录后即可看到图 3-15 所示的界面。

图 3-15

我们可以把它理解为在线的 Word 或者 Excel 文档，可以和电脑一样建立分类文件夹，方便我们管理各类文档。

我们新建文档、写好资料后，阅读者还可以修改和评论，如图 3-16 所示。通过石墨文档工具，我们就可以很好地进行文档协同编辑。

图 3-16

（三）思维导图工具

我们常用的思维导图工具有 XMind、MindMaster、MindNode、百度脑图等。关于思维导图工具的操作方法，在第一章第二节中已经详细介绍过了。

（四）任务管理工具

外贸工作中烦琐细小的事情很多，我们经常会在不经意间遗忘一些原计划要做的事情。为了避免遗忘事情，我们可以用奇妙清单这个工具。奇妙清单的 APP 版使用更方便，对于特别重要的事情，我们可以加星标。完成任务之后，点击前面的空格，任务就会消除，如图 3-17 所示。

图 3-17

如果是电脑使用，可以到 www.wunderlist.com 下载奇妙清单软件。

（五）笔记记录工具

平时我们做工作报告、业务总结都是用电脑端的 Word 来写。如果我们出差，正好那台电脑没带出来，要调取某份报告，就要找同事帮忙打开电脑查找，既耗费时间，又担心隐私和客户资料被偷窥，比较麻烦。为了避免这类情况发生，建议大家使用可以云端同步保存资料的笔记工具。有道云笔记和印象笔记都是比较好用的工具，并无优劣之分，大家可以根据各人习惯选择。

有道云笔记界面如图 3-18 所示。

图 3-18

在有道云笔记界面的左边可以建立各类文件夹，比较符合我们平常使用电脑的习惯，上手很容易。右边的操作界面和 Word 是一样的，我们完全可以用它来替代 Word 做工作记录。它还可以实时同步云端，不用担心突然断电或者电脑突然死机，没有来得及保存文档的问题。它还有快速搜索功能，可以随时调出你想要的任何文档，让你出差无忧。

二、日常生活工具

在日常生活中，我们有些活动是高频率发生的，比如日记记录、名片扫描、灵感记录、聚会阅读等。这些生活场景都是非常碎片化的，我们在碎片化的场景中，使用合适的 APP 工具，就能管理好碎片时间，大大提高时间使用效率。

（一）日记记录工具

曾子说："吾日三省吾身。"记日记对于每个人都是很有意义的事情，有利于我们回顾每天都干了什么，找到不足，然后提升自己。但是我们又不可能随时随地把笔记本带在身边，因此在手机上使用日记APP来记日记就很方便了。

推荐两个日记工具：Dayone（苹果）、OWN（安卓/苹果）。

图3-19是Dayone的日记界面，只要点击对应的按钮，就可以开始记录图片、声音、文字，使用非常简单。

图3-19

记日记的原则如下：

（1）选择原则：我们不要事无巨细地都记录，而要记录重要的节点和事件；

（2）简要原则：通过1~2句话记录下来事件即可，添加1~2张图片也可以；

（3）即时原则：经历完一件事情后马上记录，避免遗忘；

（4）回顾原则：当天晚上回顾一天的经历，总结心得。

（二）名片扫描工具

我们出去社交和参加展会都会收到大量的名片，名片代表着我们接触过的人的信息。如果我们一个个地录入名片上的邮箱、地址等信息到表格里，要耗费大量的时间和精力。我们就可以利用一款APP——名片全能王，我们打开名片全能王APP后，对准名片拍照，名片信息就被直接录入手机里了，非常方便。

（三）灵感记录工具

灵感和创意这个东西很玄妙，大家可能都有过这样的经历，你突然想到一个绝妙的点子可以打动客户，或者有一个问题之前很久都没解决，突然你想到一个很好的解决办法，如果不马上记下，几分钟之后你就再也想不起来了。应对这种情况，最好的办法就是马上掏出手机记录下来，而锤子便签 APP 就是这样一个工具，方便你记录灵感后再慢慢完善。

（四）聚合阅读工具

我们现在可以通过很多 APP 订阅杂志和文章，但是下载太多的 APP 和在不同的 APP 之间不断切换是一件令人很苦恼的事情。有没有一款 APP 可以聚合大量的 APP 杂志的内容呢？给大家介绍一款聚合阅读工具——轻芒阅读 APP，如图 3-20 所示，它聚合了众多 APP 的内容，为我们节省了大量的查找、切换时间。

图 3-20

（五）运动健身工具

外贸工作不仅仅是一种脑力活，更是一种体力活。没有强健的体魄，加班、熬夜等会很快让你身心疲惫；没有强健的体魄，就很难应对出国拜访客户的工作，无法长途奔波，一天拜访多位客户；没有强健的体魄，很难在国内外展会中长时间站立，还保持良好的精神状态谈判、接单。运动APP中，Keep和咕咚跑步这两款都比较好用。在Keep中有各种运动模式可以选择，还可以选择运动计划，并随时记录热量消耗，帮助你形成良好的运动习惯。

三、服务及其他工具

（一）文档格式转换工具

我们在工作中经常要接收不同的文档，由于电脑不同，装的软件也不一样，可能就会导致文档打不开。比如我们用WPS做的报价单文档，发给客户，客户用的是苹果电脑，或者用的是不兼容WPS的软件，就无法打开。因此我们就需要把文档转换为PDF文档，这样任何电脑都可以打开它。

我给大家介绍两个非常方便的网站。第一个网站是www.smallpdf.com，用它可以将任何文档直接转换成PDF格式，我们在电脑中就不需要安装任何转换软件了。第二个网站是www.office-converter.com，这个网站功能更强大一些，不但可以转换文档格式，还可以转换音频、视频，进行在线压缩等。

（二）图片识别工具

在工作中我们会遇到以下情况。

情景1：公司要制作一份英文版产品目录，准备明年参展用。但是由于公司之前没有开展过外贸工作，老板给了你一份中文版的产品目录，要求你把英文版的产品目录做好。如果你一个个字打出来，再翻译，工作量就会非常大，很浪费时间。

情景2：老板拿出一个发黄的文件袋告诉你，这是一份重要的档案，原始档案已经找不到了，要把这份文件重新打印一下，后天就要。你看到20多页的纸，头都大了，又要熬夜加班。

遇到这样的情况，我们只需要用小工具就可以快速解决问题，节省大量时间。

第一个小工具是 www.onlineocr.net，我们只要上传文档的图片，它就可以自动帮我们转换为 Word 文档，如图 3-21 所示。但需要注意的是，上传的文档最大不能超过 15M。

图 3-21

第二个小工具是 ABBY Finereader，官网是 www.abbyychina.com，大家可以视自身情况选择不同版本，它不仅可以进行大量文件的文字识别转换，而且还可以对 CAD 图进行修改（很多外贸公司拿到工厂技术图纸都要修改 LOGO 和公司名称）。

（三）录音识别工具

假设你要和客户进行面谈，如果交谈时间长，回来后又没有及时做备忘录，很快会忘记会谈过程中的一些细节，那么我们就需要在重要会谈的过程中录音。录音之后，我们回来可以通过录音转换文字，把会谈内容做成详细的会议纪要和备忘录，方便我们研究客户的心理、性格及他的思维方式。将录音转换成文字的小工具，目前效果比较好的是讯飞听见，官网是 www.iflyrec.com，可以根据个人需求选择机器转换和人工转换服务。转换成文字之后，我们就不需要反复地听录音，其中机器转换通常 5 分钟可以转换完 1 个小时的录音，可以为我们节省大量的时间。

（四）PPT/Word/Excel 模板工具

我们在外贸工作中，要写一些报告和产品电子目录，往往内容很快写好了，而排版却很难看，因而会浪费很多时间在排版上面，而学习 PPT 或 Word 的精美设计排版需要花费很长的时间。我们怎样才能不需要学习又可以搞定精美的排版呢？可以利用一些模板下载网站下载精美的 PPT、Word 模板，再稍作修改就可以直接用了。

这里我给大家介绍一个工具，官网是 www.officeplus.cn，上面的模板足以满足日常工作需求。

第四章 复盘——超级外贸人的软实力

CHAPTER FOUR

第一节　什么是复盘，为什么要重视复盘

一、什么是复盘

马云在很多场合都讲过一段话："所有的创业者都应该多花点时间，去学习别人是怎么失败的，因为成功的原因有千千万万，失败的原因就一两点。所以我的建议就是，少听成功学讲座，真正的成功学是用心感受的。"

在电影《笑傲江湖》中，风清扬是一位世外高人，令狐冲因得到风清扬的独孤九剑真传而纵横江湖。其中有一个场景，在风清扬的指点下，令狐冲用独孤九剑击退强敌后问："前辈你教我的是什么剑法？真厉害！""哈哈哈哈，刚才教你使的那几招叫'独孤九剑'"，风清扬爽朗地笑道，"每一式都是从败招中变化出来，武林里能从败招中求出道理的又有几人呢？你要谨记，将来它可能会帮你逢凶化吉的。"

从以上两个小故事，我们引出一个概念——复盘。

如图 4-1 所示，复盘包括了回顾、反思总结、推演、提升四个环节。复盘就是回顾历史，如同看电影一样，把过去的事情重新在脑子里过一遍。我们通过对过去事件中体现的思维和行为进行回顾、反思总结，达到进一步提升能力的目的。

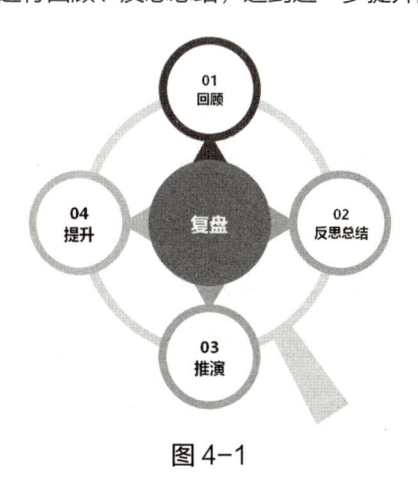

图 4-1

二、为什么要重视复盘

搞定一个客户，完成一个订单，收到货款，通常对于外贸业务员来说，工作就完美收官了。但真正完美收官了吗？没有！我们才做了一半，另外隐藏的一半工作，价值更大。

复盘就是隐藏的另一半工作。

对于个人，每次成功和失败的经验只存在脑子里，没有复盘总结形成案例，经年累月会忘记很多细节，再也想不起来了。对于公司，经常有这样的困惑，老业务员在公司的时候，公司业绩有保障，但经验只存在于老业务员的脑子里，老业务员如果走了，公司业绩就会很快下滑，需要花很长时间培养新业务员才能把业绩提上来。

一个公司如果不形成复盘习惯，就无法举一反三、拓展思维，业务员就是散兵游勇，业务模式就是打游击，强悍的业务团队也无从谈起。

复盘的核心是推演，通过推演这个环节，复盘就不仅仅是对过去的事情的呈现、总结，而是对事件的各种发展方向的可能性进行讨论研究，也正因如此，复盘和一般的工作总结有本质的区别。

● 第二节 复盘的四个绝招

我们通过两个案例复盘，看看复盘的四个绝招如何在工作中发挥作用。

一、案例 1

某公司为了拓展国际市场，参加了某个展会。展会时间为 5 天，花费 15 万元人民币，参展人员是老板和 1 个业务员，计划销售额是 300 万美元。参展之前给老客户和网络询价过的潜在客户都发了邀请函，在公司网站上也公布了参展消息，展会过后 6 个月实际成交额只有 50 万美元，和预期目标相距甚远。

我们可以用思维导图展开这个案例的复盘。

（一）第一招：回顾

如图 4-2 所示，通过回顾事件和一问一答的形式，可以把各环节重新展开，把事件过程重新梳理。

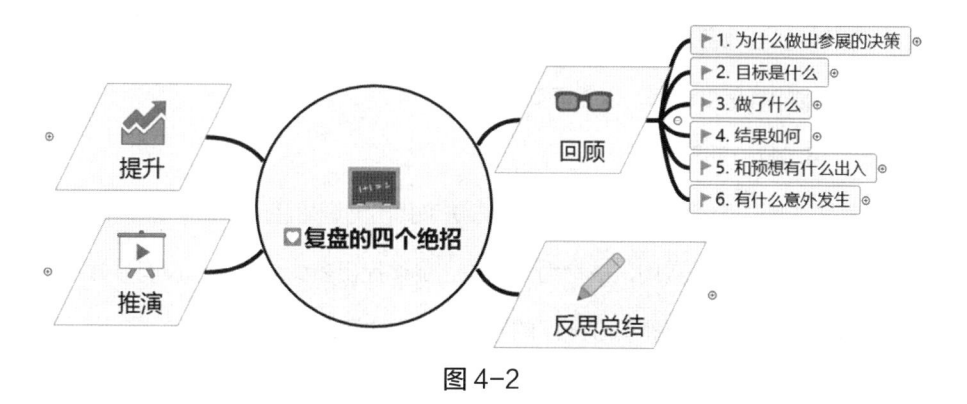

图 4-2

1 问：为什么做出参展的决策？

答：（1）看到别的公司去参展，跟风去碰运气。

（2）展览公司说这个国家的展会效果特别好。

（3）迫切需要开拓国际市场，避开国内竞争。

2 问：目标是什么？

答：300 万美元销售额。

3 问：做了什么？

答：（1）展前邀请老客户和潜在客户观展。

（2）展前准备了公司现有产品的样品。

（3）展会中洽谈接单。

4 问：结果如何？

答：销售额为 50 万美元，和目标相距甚远。

5 问：和预想有什么出入？

答：（1）展位客流量小。

（2）展会效果和预想落差太大。

（3）对以后国外展会接单信心不足。

6问：有什么意外发生？

答：（1）接触到了当地一些经销商，熟悉了当地销售渠道。

（2）了解了当地客户的消费习惯和特点。

（3）接到的都是小订单，以零售商为主。

（二）第二招：反思总结

我们可以通过连续提问、刨根问底的方法来找出问题背后的真相。其中丰田公司的5W分析法最为简单实用，被称为五问法。具体提出多少个问题，没有硬性要求，一切以找出真相为目的。图4-3所示的为可以提出的问题示例。

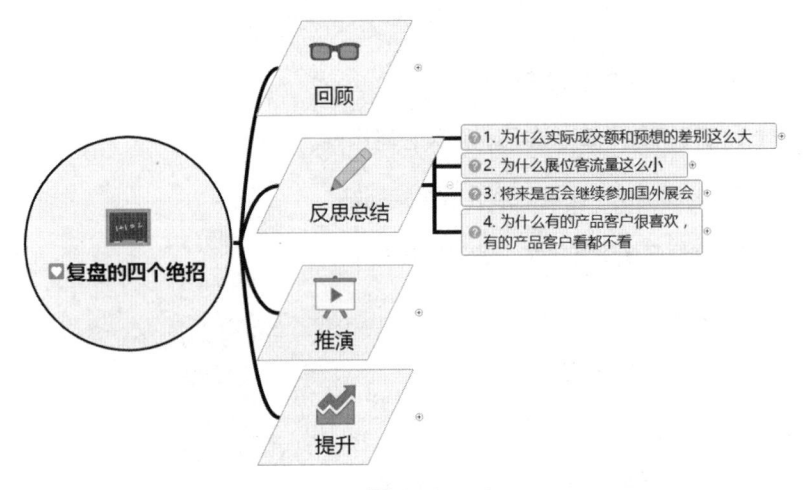

图4-3

1问：为什么实际成交额和预想的差别这么大？

答：（1）对展会的认知不对，以为来参展就一定可以多接单。

（2）业务员的展会现场谈判、接单能力不足，无法让客户现场下单。

（3）客户拿完宣传册后就消失了。

2问：为什么展位客流量这么小？

答：（1）参展前邀请的潜在客户不够多，对潜在客户挖掘不够充分。

（2）选择的展位位置不理想，很多观展客户根本走不到那里。

（3）没有多余的工作人员去展位外拉客户来访。

（4）没有进行足够的宣传。

3问：将来是否会继续参加国外展会？

答：（1）有收获、可收回成本的情况下，可以继续参展。

（2）下次参展要提前半年策划，做好充分准备再去。

（3）做好参展前业务员谈判、接单训练，争取现场签单。

4问：为什么有的产品客户很喜欢，有的产品客户看都不看？

答：（1）没有了解目标国家或地区客户的具体需求。

（2）产品规格太多，在客户当地不适用。

（3）设计过于前卫或者过于老旧。

（三）第三招：推演

推演这个步骤会让我们具有游戏中的上帝视角，让我们对做得好的地方、做得不好的地方进行研究，看看是否可以有不同的操作方法，做得好的方面好在哪里，做得不好的地方问题出在哪里，为什么不应该这么做，如果用其他方法会产生什么样的结果，等等。针对前面的案例，可以做出图4-4所示的推演。

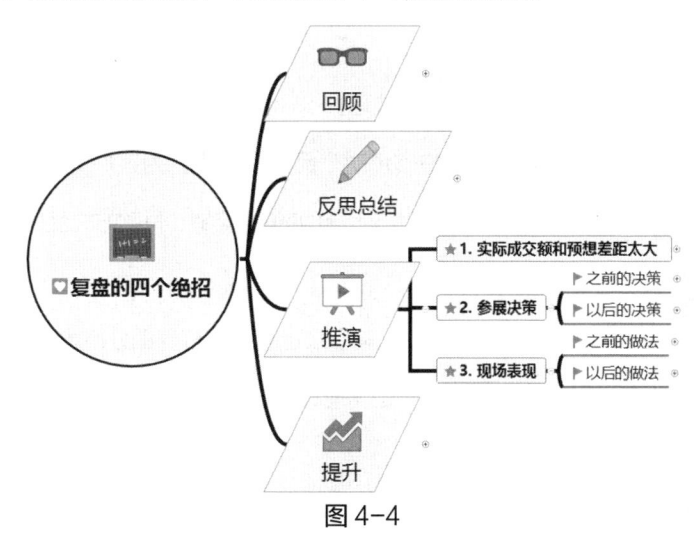

图 4-4

推演1：实际成交额和预想差距太大

原因：（1）参展前客户情报工作做得不充分，市场调查不充分。

（2）产品准备没有针对性，客户兴趣不大。

（3）参展前和客户没有充分沟通意向，洽谈时间没有合理分配、利用。

推演2：参展决策

之前的决策：（1）看到别的公司去参展，跟风去碰运气。

（2）展览公司说这个国家的展会效果特别好。

（3）迫切需要开拓国际市场，避开国内竞争。

以后的决策：（1）充分调查目标展会的影响力，再做决策。

（2）充分调查历年参加这个展会的国内外公司名录，了解竞争对手参展的频率。

（3）做好充分准备之后再报名，考虑投资回报率。

（4）利用社交媒体和谷歌尽可能多地开发潜在客户，扩大潜在客户基数，再邀请潜在客户观展。

推演3：现场表现

之前的做法：（1）只会和客户介绍当前的产品和价格。

（2）缺乏引导客户下单的套路。

（3）对客户潜在需求把握不到位。

（4）针对客户下单缺乏临门一脚的技巧。

以后的做法：（1）提前调查客户市场对产品的新需求，为客户提供定制化服务。

（2）展前多做引导客户下单的套路培训，比如价格促销、付款方式优惠、新款尝鲜优惠等。

（3）要对客户潜在需求敏感，深挖一些小众定制款，打开细分市场。

（4）增加临门一脚逼单话术培训，提高现场签单成功率。

（四）第四招：提升

经过复盘的回顾、反思总结和推演三个过程，我们就可以发现很多方面有继续提升的潜力，如果再参展一次，我们一定会比上一次做得更好。

图 4-5

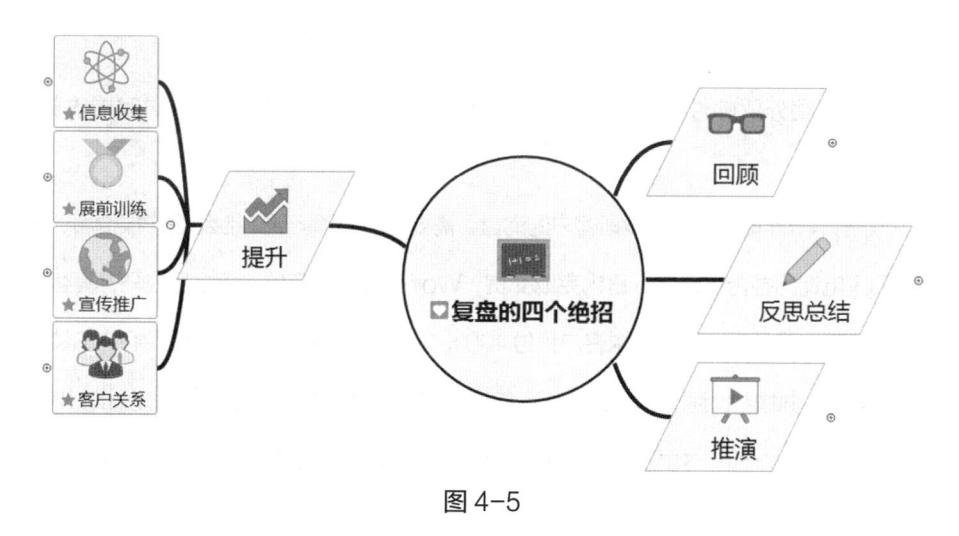

比如我们可以从图 4-5 所示的四个方面获得提升。

1. 信息收集方面

（1）提前半年做好展前潜在客户信息收集工作。

（2）充分调查目标展会的业内影响力。

（3）调查有哪些国内和国外同行业公司会去。

（4）安排人员收集国外同行最新产品和技术信息。

2. 展前训练方面

（1）提前 2 个月对参展人员进行谈判强化训练，增强临门一脚签单能力。

（2）提前 2 个月对参展人员进行形象、礼仪训练，在客户面前营造专业的形象。

3. 宣传推广方面

（1）充分准备好符合客户要求的海报、样品和宣传资料。

（2）在展会相关的 APP 投放广告，在谷歌投放参展广告，增加潜在客流量。

4. 客户关系方面

（1）提前 3 个月和潜在客户保持联系，让更多的客户得到公司去参展的信息，既可以展示实力，也可以提前了解客户的详细需求。

（2）了解在展会举办城市有哪些客户，参展完即可登门拜访，争取签单。

二、案例 2

在《巧用外贸邮件拿订单》一书中有个"4 小时快速接单，72 小时完成收款"的案例。

某日，Wolf 接到一个俄罗斯客户的询盘，需要 5 000 套产品。他给客户报价后，客户随即来电询问是否可以在 5 日内完成交货，Wolf 计算了工厂的产能之后立马答复客户可以在 7 天内完成交货，但要求客户预付 100% 的货款。Wolf 在后期经过和客户的谈判沟通，在 72 小时内收到了客户的 100% 货款，Wolf 和工厂协调，按客户规定日期出货。

我们来思考一下，如果这个案例发生在你的公司，如何通过这个案例复盘，让业务员们获得提升和其他价值。

（一）第一招：回顾

如图 4-6 所示，本案例的回顾可以分为 4 问。

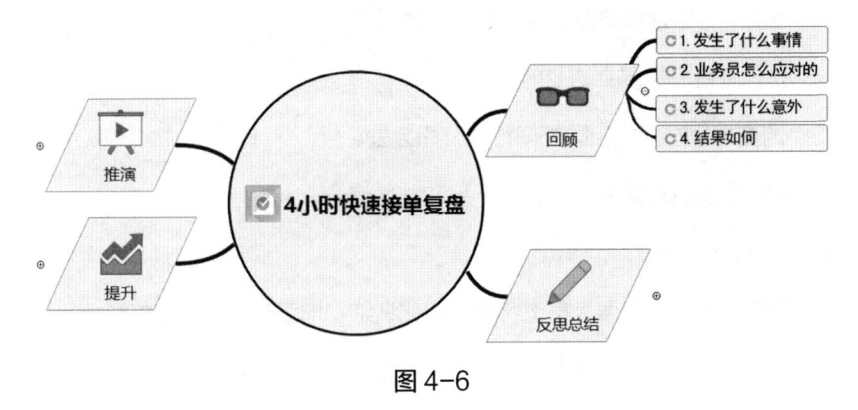

图 4-6

1 问：发生了什么事情？

答：客户发来 5 000 套产品的询盘，并且要货急，只有 5 天生产时间。

2 问：业务员怎么应对的？

答：争取到最优付款方式，协调厂家备货、生产抢时间。

3 问：发生了什么意外？

答：和客户沟通采取最快付款途径；因产能问题，和客户沟通分批发货，确保客户赶上销售季。

4 问：结果如何？

答：顺利发货，客户如期销售，皆大欢喜。

(二) 第二招：反思总结

如图 4-7 所示，本案例的反思总结可以分为 5 问。

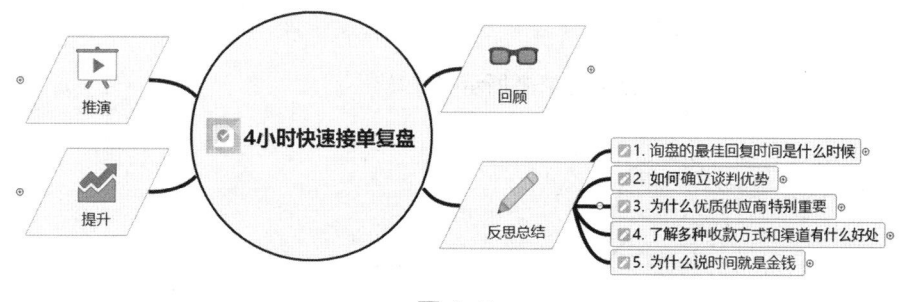

图 4-7

1 问：询盘的最佳回复时间是什么时候？

答：(1) 收到询盘后应以最快的速度回复，争取在 10 分钟以内回复第一封邮件，让客户在发出询盘后的第一时间收到，争取获得良好的初步印象。

(2) 如果可以电话答复，就用电话答复，特别是回信后第一时间进行电话沟通，效果最佳。

2 问：如何确立谈判优势？

答：(1) 要从客户的邮件和电话中，迅速判断客户的需求。

(2) 根据客户的需求，适时提出符合公司最佳利益的条件。

3 问：为什么优质供应商特别重要？

答：(1) 平时要多维护和供应商的关系，因为供应商在关键时刻可以给予公司大力支持。

(2) 多联系几家供应商，以免产能不足，无法应对客户的紧急需求。

4 问：了解多种结算方式和渠道有什么好处？

答：(1) 要对多种结算方式和渠道深入了解，可以针对不同国家和地区的客户，灵活使用结算方式。

(2) 要时刻关注国际时事动态，查找特殊国家和地区的结算渠道，以备不时之需。

5问：为什么说时间就是金钱？

答：（1）外贸签单以速度制胜，客户是否下单取决于开始沟通的第一分钟，学会抓关键点特别重要。

（2）如果备足产能，交货时间可以更短，客户体验会更好，客户返单的机会就更大。

（三）第三招：推演

针对本案例，可以做出如图4-8所示的推演。

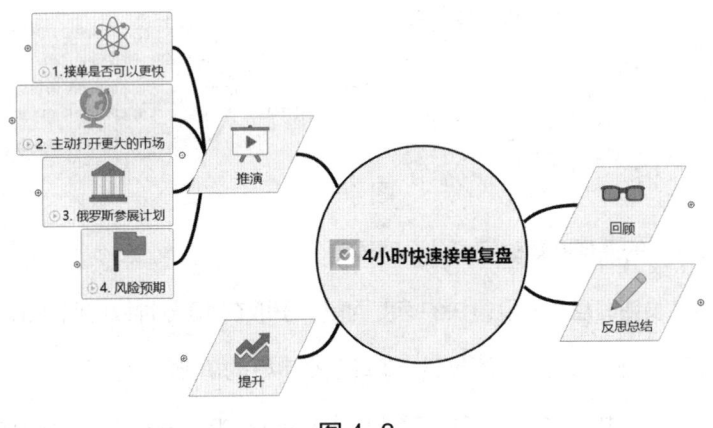

图4-8

推演1：这次接单耗时4个小时，如果遇到类似情况，是否可以更快地接单？

应对：（1）回复邮件更快一些，争取收到邮件后5分钟内回复。

（2）电话沟通更迅速一些，给客户回复邮件后，主动再打电话确认。

（3）给客户银行资料更快更准一些，以便客户准确、快速地付款，无须再多沟通。

（4）储备几个备用工厂，以便更好地应急调货。

推演2：是否可以主动打开更大的市场，而不是死守这一个客户？

应对：根据俄罗斯市场潜力进行分析，我们可以获得4方面认知。

（1）通过客户A获悉俄罗斯市场对我们的产品确有需求。

（2）市场必然存在客户B、客户C、客户D等客户群。

（3）市场必然存在和A产品关联配套的B、C、D、E、F等产品系列。

（4）必然存在经营我们产品品类的前十名的分销商值得开发。

我们可以通过如下方式获得客户。

（1）通过俄罗斯网站 VK.com、Yandex 等深挖潜在客户具体联系信息，研究客户背景。

（2）通过 Skype 和讯飞翻译，和俄罗斯客户用俄语聊天，突破语言障碍。

推演 3：我们是否有去俄罗斯参展的可能性？

应对：如果通过网络获取的客户量扩大 10 倍，订单量扩大 5 倍，可赴俄罗斯参展，发展代理商。

推演 4：和俄罗斯客户做生意有什么风险？

应对：美俄"斗法"期间，俄罗斯面临被制裁的风险，因此在和俄罗斯客户交易时需要增加安全收款渠道（如使用昆仑银行收款），或者用人民币结算。

（四）第四招：提升

如图 4-9 所示，针对本案例可以从四个方面获得提升。

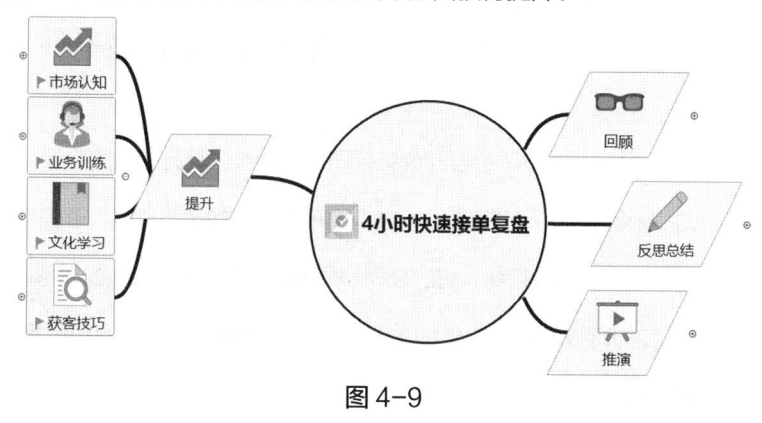

图 4-9

1. 市场认知方面

（1）明确俄罗斯是一个值得开发的大市场。

（2）客户性格直爽，只要符合对方要求，付款爽快。

2. 业务训练方面

（1）对业务员进行 Cold Call（陌生电访）训练，提高接单效率。

（2）增加业务员的心理学课程培训，以便快速把握谈判时客户的心态。

（3）加强业务员的邮件写作训练，用最简洁的语句清晰、高效地表达意图。

3. 文化学习方面

（1）学习俄罗斯文化和日常的俄语问候，增加与俄罗斯客户的亲近感。

（2）在YouTube观看俄罗斯电影和流行电视剧，了解俄罗斯不同人群的性格特征。

4. 获客技巧方面

（1）确立开发客户的正确思维。

（2）使用VK.com、Yandex有针对性地开发俄罗斯客户。

（3）使用谷歌趋势调查不同产品在俄罗斯的需求趋势，以便集中火力使用优势产品扩大俄罗斯市场。

完整的复盘的四个绝招思维导图见本节前的拉页。

完整的4小时快速接单复盘案例思维导图见案例2前的拉页。

第三节　团队复盘六步曲，运筹帷幄，决胜千里

我们经常会定目标，比如某老板说今年公司要完成1亿美元的销售目标，业务员说今年要努力完成3 000万美元的销售目标或1 000万美元的销售目标，等等。我们会看到有的公司业务员会超额完成目标，有的公司却是雷声大雨点小，虎头蛇尾地收场。

通过复盘，我们可以看清楚事情的本质，通过有步骤地复盘，我们就可以制订出更好的方案，也可以获得更快的成长。我们通过图4-10所示的六个步骤进行复盘，就可以更好地总结经验，在未来的业务开发中算无遗策。

图4-10

我们通过这六步来复盘一个案例。

公司 2018 年年初确定的销售目标是 6 000 万美元。公司有 3 个外贸业务员，参加了美国拉斯维加斯消费电子展、西班牙巴塞罗那世界移动通信展和台北电脑展，年终完成销售目标 7 500 万美元，超过年初目标 1 500 万美元。

一、回顾目标

在年终复盘时，对年初的目标进行回顾，是让参与复盘的人心中有数，知道自己要讨论什么问题。通过对比目标，我们才知道这一年是成功还是失败。在复盘的时候，参与人员需要把自己的目标清晰明确地展示出来，可以展示在投影屏幕上，也可以写在白板上，这样参与人员在复盘的时候不会偏离目标进行叙述。

如图 4-11 所示，三个业务员分别列出了自己的目标。

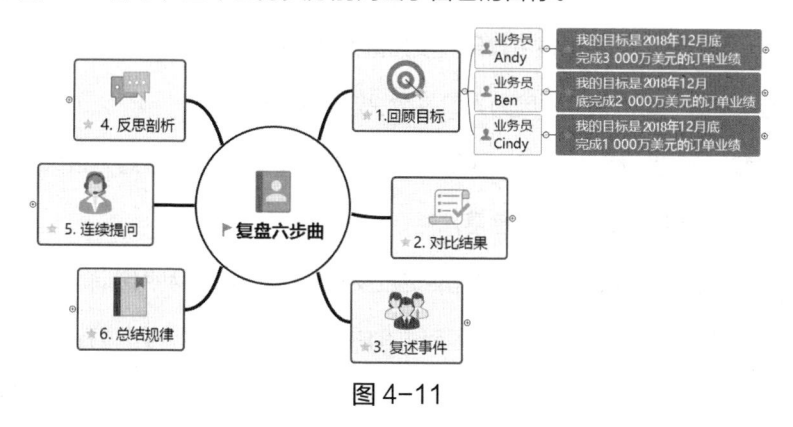

图 4-11

业务员 Andy 叙述了他设定目标的原因：

（1）我确立目标的基础是以美国为主要开发市场，客户群体大、消费能力强，品牌商和分销商众多，开发到优质客户的机会很大；

（2）我通过社交网络、搜索引擎可以把潜在客户都筛选出来并建立联系，我善于和客户沟通；

（3）去年我的销售业绩是 2 000 万美元，只要策略得当，再增加 1 000 万美元是可以实现的；

（4）公司有赴美参加拉斯维加斯消费电子展的计划，让我更有信心在展会上签单，拿下更多大客户的订单。

业务员 Ben 叙述了他设定目标的原因：

（1）我确立目标的基础是主攻德国、俄罗斯、法国等欧洲市场，这些市场对品质要求高，有准入门槛，公司产品都有相关认证，我有信心开发一些代理商和品牌商；

（2）我善于使用欧洲的社交网络和各种翻译软件与客户聊天，善于通过社交网络和搜索引擎发掘客户信息；

（3）去年我的业绩是 1400 万美元，今年我争取再增加 600 万美元业绩；

（4）公司有赴西班牙参加巴塞罗那世界移动通信展的计划，会提升公司在欧洲客户心中的形象，在展会上和客户谈判、接单是我的强项。

业务员 Cindy 叙述了他设定目标的原因：

（1）我目标确立的基础是主攻印度及东南亚新兴市场和人口大国，我认为这是公司未来利润增加的新的来源，因为人口基数决定市场份额；

（2）我去年的业绩只有 550 万美元，但我相信这个市场发展潜力很大，只要耐心挖掘、方法得当，就一定会有惊喜；

（3）我善于使用谷歌、领英和东南亚的社交软件开发客户，利用翻译软件和客户沟通，而且东南亚离中国很近，便于出国拜访客户，特价机票很多，实地拜访成本很低；

（4）公司有计划参加香港电子展，和客户面对面打交道是我的强项，通过邀请客户观展、现场谈判并实地拜访客户，我有信心完成这个目标。

通过回顾目标，我们可以快速进入状态，全体员工都朝着一个方向前进，从而进入复盘的下一步。

二、对比结果

我们将结果和预期目标对比，从而找到实际结果和预期目标的差别。做这样的对比是为了发现其中的问题，找出出现差距的地方，并找出出现差距的原因。

如图 4-12，业务员们都超额完成了预期目标，比公司预期目标增加了 1 500 万美元的销售额。

```
对比结果 ── 业务员Andy ── ★我的目标是2018年12月底完成3 000万美元的订单业绩 ── 比目标增加500万美元
           ★2018年实际完成目标3 500万美元
         ── 业务员Ben  ── ★我的目标是2018年12月底完成2 000万美元的订单业绩 ── 比目标增加400万美元
           ★2018年实际完成目标2 400万美元
         ── 业务员Cindy ── ★我的目标是2018年12月底完成1 000万美元的订单业绩 ── 比目标增加600万美元
           ★2018年实际完成目标1 600万美元
```

图 4-12

通过结果对比，业务员分别说出各自完成的目标，就能很快进入年初定目标的思想情境当中，也能清晰地看到最后的结果，能从全局把握业务的"开局"和"终局"，并可以开始回忆是哪些地方出现意外和惊喜，什么是需要特别关注的现象。这样就能在后面叙述的过程中，重点清晰，主次分明，让听众也有心理准备。

三、复述事件

通过复述事件，可以让参与复盘的人员了解业务员所做的事情、案例的操作流程及细节，就可以共享智慧。在同样的背景知识下，大家可以在一个方向上讨论问题，可以不断设问，更加深入地剖析事情的本质。

相信很多人都有这样的体验，你说起事情来的时候滔滔不绝，但听众却不知道重点是什么，越听越打瞌睡。这是由于逻辑思维不清晰造成的。在复述事件的过程中，先用思维导图对自己做过的事情进行梳理，记录重点事件节点，再通过节点展开细节。这是对逻辑思维的训练，可以帮助我们更好地重现和叙述这些事件，如同电影画面，一帧一帧地展开，我们就可以轻易查出是否有遗漏，哪些细节做得不够深入，等等。

我们来看三个业务员是如何使用思维导图复述事件的。

（一）业务员 Andy

业务员 Andy 的复述事件思维导图如图 4-13 所示。

图 4-13

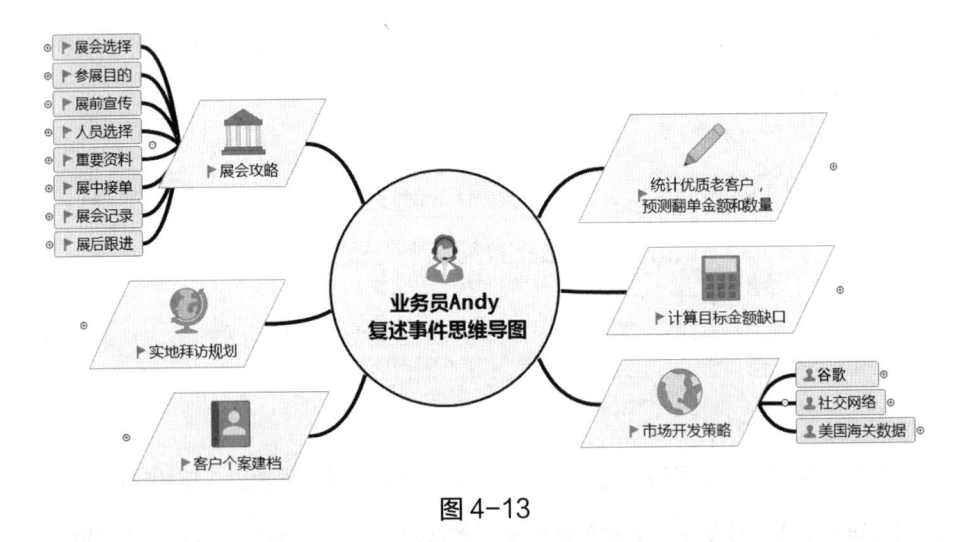

我通过六个部分来叙述我的市场开发和接单过程。

1. 统计优质老客户，预测翻单金额和数量

2017 年客户下单金额已经达到 2 000 万美元，其中有部分是新客户试单，承诺 2018 年会翻单，老客户已经沉淀 3 年，订单稳定。2018 年新老客户保守下单金额预计会在 2 000 万美元至 2 500 万美元之间。

2. 计算目标金额缺口

预测下单金额和预计目标 3 000 万美元有 500 万美元至 1 000 万美元的缺口，可以通过鼓励老客户增加下单量和开发潜力客户来弥补。

3. 市场开发策略

我通过谷歌、领英、Instagram 收集潜在客户资料以及挖掘客户的个人信息，获取客户公司关键人的私人联系方式，如 WhatsApp、Skype、Messager 等即时通信工具的账号。

通过海关数据，我可以了解客户公司的进口数据，包括进口量、供应商，就可以判断潜在客户的购买潜力，确定竞争对手，并制定有针对性的客户开发策略。在市场开发的前 6 个月，我通过网络进行情报收集和分析，建立数据库资料。这些是为了后期参展接单和实地拜访客户做准备。

4.展会攻略

我通过八个要点展开叙述展会攻略。

（1）展会选择

我们选择美国拉斯维加斯消费电子展，因为它是全球规模最大的消费电子产品交易会之一，覆盖了北美、南美、西欧市场，也是和我们公司产品密切相关的专业展会。我从 2017 年 6 月就开始筹备这个展会，前期潜在客户情报收集工作和参展准备工作已经完成。

（2）参展目的

参展目的主要有三个：

第一，巩固公司在老客户心中实力供应商的形象；

第二，让老客户翻单；

第三，把潜在客户发展为新客户，让新客户在展会中下单。

（3）展前宣传

为了吸引更多的客户来我们展位观展，我订购了展会的 APP 展商广告和付费刊登目录，方便专业客户快速找到我们的展位。这类客户目的性很强，只要价格合适，质量达标，多半会在展会上确定订单。半年以来我通过搜索引擎和社交软件开发了大量的潜在客户，并通过邮件发送邀请函，告诉客户我们的展位地址，邀请他们过来观展，因此来我们展位的客户都是强需求客户。

（4）人员选择

这次展会计划由三人参加：我、一个外贸业务员和一个工程师。

（5）重要资料

资料准备方面，我按公司内训手册中《有效制订参展计划》的要求进行了准备。

其中有几个重要资料：

* 价格变化一年曲线图，方便和客户沟通产品价格波动情况，确定下单最好时机；

* 公司介绍 PPT、产品演示 PPT、公司视频，方便对客户进行宣讲；

* 合同/PI，方便现场签单时使用；

* 产品价格表，展会前一天再熟悉一次价格，做到心中有数，遇到大客户，可以拿出来给客户看，并给客户打折；

* 客户常问的产品问题手册，总结客户经常会问的问题，形成标准回答手册。

（6）展中接单

只要是我们邀约或者是看到我们广告来展位的客户，都带有明确的采购目的，只要产品、价格合适，基本上会下单。接待策略是多提问，让客户说出担心的问题，我们一个个记录并解决，再让客户过目。如果没有什么问题，就可以进一步谈合作细节。如果不能成交，就要问清楚，他们公司由谁拍板决定，什么时候能够决定，方便重新约见、再谈。如果因为价格问题，客户不能马上下单，要马上和老板电话确认是否可以降价，以便获得支持，拿下客户。

举个例子：MAX 公司的老板 Thomas 是我通过领英认识了两年的客户。他这两年来一直只是询价而没有下单，也没有说明原因。这次参加展会，他来到我的展位，我问了他担心的问题是什么，他关心的其实是售后服务、付款方式以及我们公司的实力问题。经过对产品技术、价格、产品系统定制等专业方面的沟通后，他对我们公司的专业性没有了质疑。我给他讲述了我们公司的售后服务内容和不同问题的解决方案，打消了他其他方面的顾虑。在付款方式方面，由于 MAX 公司进口量比较大，资金周转时间比较长，我们公司可以提供 L/C 60 days 及前 T/T 30%，余款货到后 45 天付款的方式，解决了他在资金周转方面的顾虑。在展会上，我给他播放了公司的视频，并邀请他来公司参观。最后，他在展会上下了 30 万美元的试单，6 个月后又追加了 200 万美元的订单。

（7）展会记录

我在展会上会记录每位客户谈到的所有重要内容及我对客户的承诺。

我和客户确认过的所有内容，如订单数量、样品、订单金额、付款方式，都会形成备忘录，以便展后跟进客户时查阅。

（8）展后跟进

对于展后跟进，我倾向于谈完后马上记录谈判细节，把谈过的问题和客户的疑问形成简单备忘录，客户离开展位后，只要有空闲时间，马上给客户发正式报价单。

针对不能在展位上签单的客户，他们离开后，我会翻看备忘录，分析问题并想出解决方法，重新邀约客户，争取在客户回国前签单。

5. 实地拜访规划

实地拜访规划如图 4-14 所示。

图 4-14

（1）重点客户

我侧重于花 20% 的时间和精力去拜访公司的金牛级老客户，因为他们是公司重要的利润来源。维护好一个老客户，花费的精力只是开发一个新客户的五分之一。和老客户的关系稳定，就意味着公司订单有保障。

（2）新合作客户

通过展会认识并下单的客户，是发展为老客户的最好资源。这类客户我会投入 60% 的精力在上面。由于已经从我们公司购买过产品，对公司的产品品质和服务是有认识的。通过实地拜访，可以详细了解客户对我们产品的满意度和产品的不足之处，客户对我们和其他供应商分别是什么心态，只有实地面谈才能体会到。我也可以看到我们的设备和其他供应商的设备有什么优劣之分，找出我们的优势和其他供应商的不足之处，适时提出我们的解决方案，帮客户降低运营成本，争取让客户追加订单。这类客户也是新利润的主要来源。

（3）潜力客户

对于通过网络开发并且来过我们展位洽谈，但没有下单的客户，我会投入 20% 的精力。我会通过实地拜访客户公司，确认谁是决策者和老板的影响者，抓住主要关键人去谈。拜访这类客户的关键是提前做功课，熟悉客户的产品线，询问对产品的建议，讨论新产品开发、生产，让客户感觉我们足够重视他们公司。

比如 TYCOM 公司就是这类客户。之前来展位的是他们公司的采购员，在和他沟通的过程中，我问了多次"我们可以达到你们的 XX 要求，你是否可以现在决定签单"这类临门一脚的问题，他没有给我肯定的答复，因此我确认他没有决定权，关键事情都需要和公司汇报再确认。后来经过邀约，我拜访了 TYCOM 公司，接触到了他们的老板，通过视频和 PPT 图文并茂的方式，给客户展示我们公司的实力、生产设备、服务水平，通过将客户公司目前使用的设备和我们公司的设备做对比，分析每年可以给客户节省多少运营成本。我通过白板演讲和数据分析让客户认识了我们公司的业务能力，最终 TYCOM 公司老板决定下单购买我们价值 200 万美元的设备。

（4）拜访后的总结

对于拜访后的总结，我的习惯是这样的：拜访完一位客户后，我会把当天双方达成一致的话题列出来，形成备忘录发给客户。这符合欧美客户的商业习惯，也可以展示专业、高效的业务能力，客户会感觉跟专业的人交流很愉快。

同时，我会反省在当天的交流过程中的不足之处，对客户判断是否全面准确，是否因为获取客户信息不完善而安排了错误的拜访行程，是否还有问题没有和客户确认；分析客户公司哪些人是信息提供者，哪些人是影响者，决策者是老板还是其他人。

6. 客户个案建档

通过公司内训课程——"大客户开发策略"，我已经形成了建立客户档案并总结的习惯。针对每位客户，从开发、谈判到成交，以及售后服务的沟通，我都有详细的记录。每隔一段时间我会翻看一下，总会有新的收获，会发现如果当时客户是这样的心态，我用新的处理方式，效果可能会更好。遇到问题，我已经形成了准备三个应对方案的习惯，业务能力也随着不断的反思得到提升。

（二）业务员 Ben

业务员 Ben 的复述事件思维导图如图 4-15 所示。

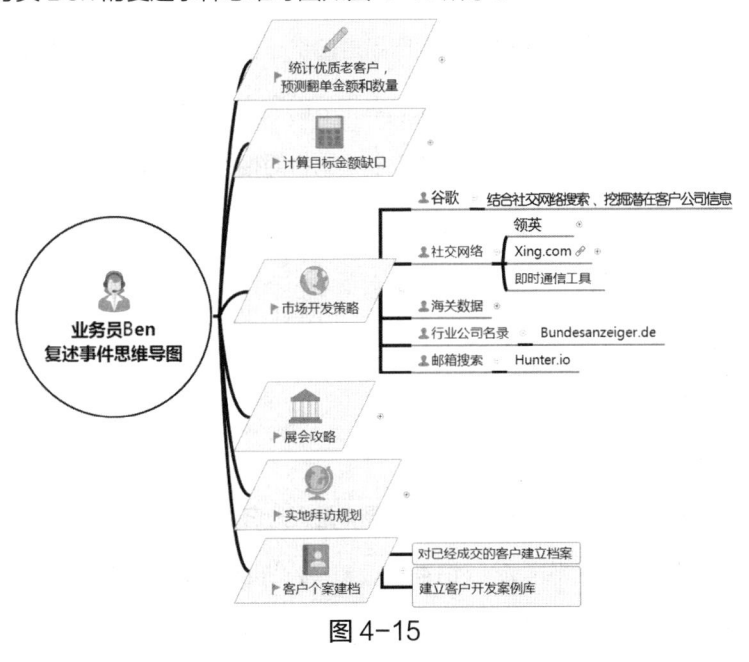

图 4-15

我分六个部分来叙述我的市场开发和接单过程。

1. 统计优质老客户，预测翻单金额和数量

2017 年客户下单已经达到 1 400 万美元，其中有 10 个是新客户试单，6 个承诺 2018 年会翻单，订单稳定的老客户已连续 3 年下单，我预计 2018 年新老客户保守下单量会在 1 600 万美元左右。

2. 计算目标金额缺口

预测下单金额和预计目标 2 000 万美元有大约 400 万美元的缺口，可以通过鼓励新客户增加下单量和开发潜力客户来弥补。

3. 市场开发策略

欧洲市场是我开发的重点市场，我通过 Bundesanzeiger 商业目录获取德国行业公司名录，通过德国商业社交网站 Xing.com 获取客户公司职员资料，通过俄罗斯

社交平台 VK.com 获取俄罗斯客户信息，结合谷歌、领英、Hunter.io 来深度挖掘客户公司关键人的私人联系方式。

上过"国际市场销售冠军"的内训课程，我学会分析海关数据，了解到 2014 年—2017 年德国、法国、俄罗斯对 X 大类产品进口量一直处于上升趋势，确定这三个国家是重点利润来源地区，决定重点开发这些地区的客户。通过海关数据分析可以很快了解客户公司的进口量，了解竞争对手，制定有针对性的开发策略。通过将收集的客户信息录入 CRM 客户管理系统，为 2018 年参加西班牙巴塞罗那世界移动通信展和后期实地拜访做好准备。

4. 展会攻略

我分八个要点展开叙述展会攻略。

（1）展会选择

我们选择西班牙巴塞罗那世界移动通信展，是因为它是全球最大的移动通信产品交易会之一，覆盖了欧洲和北非市场，对于推广、销售公司最新的移动终端产品非常有帮助。我从 2017 年 5 月就已经开始筹备，前期潜在客户情报收集工作和参展准备工作已经完成。

（2）参展目的

参展目的主要有三个：

第一，稳定公司在欧洲客户心中良好的形象；

第二，在展会上和老客户洽谈翻单事宜；

第三，开发新客户。

（3）展前宣传

为了吸引更多的客户来我们展位观展，我订购了展会的 APP 展商广告和付费刊登目录，让目的性很强的专业客户快速找到我们。标准产品只要价格合适、质量达标，客户多半会在展会上确定订单；新款产品只要给客户优惠的价格，客户就会愿意尝试下单。半年以来，我通过 Xing.com、VK.com 和谷歌开发的潜在客户已经超过 5 000 个。展会前，我通过邮件发送邀请函，告诉客户我们的展位地址，邀请他们过来观展。我对这次展会签单很有信心。

（4）人员选择

这次展会计划由两人参加：我及一位外贸业务员。

（5）重要资料

资料准备方面，我按公司内训手册中《有效制订参展计划》的要求进行了准备。其中有几份重要资料：

* 价格变化一年曲线图，方便和客户沟通产品价格波动，确定下单时机；

* 公司介绍 PPT、产品演示 PPT、公司视频，方便对客户进行宣讲；

* 标准合同、PI，方便现场签单时使用；

* 产品价格表，做到展前对产品价格心中有数，在新客户犹豫时，可以给客户打折，临门一脚，促成客户下单；

* 客户常见问题手册，记录客户问的新问题，拓展常见问题手册内容。

（6）展会接单

根据往年的参展经验，老客户来主要是沟通新产品开发和老产品的翻单事宜，另外老客户更在意付款方式的优化，比如预付 30% 定金降为 15%，余款 T/T 改为 L/C 等。通过网络开发的客户，因为前期已经在网上沟通过多次，他们来的目的很明确，就是看样品和确认公司的专业度，面谈过程中只要业务员专业、价格合理，客户基本上会下单。

我善于引导客户，让客户说出他们的顾虑，谈妥一个节点就和客户确认一次，将有异议的问题留到最后解决，需要公司老板支持的，立刻和老板沟通确认，然后给客户答复，最后形成一份简单的备忘录给客户看，如果客户没有什么异议，就可以进行下一步，洽谈合作细节的问题，最后确认签单合作。

举个例子：德国 DEC 公司的采购员 William 是我通过 Xing.com 开发的客户，通过邮件沟通已经有一年了。我通过和他的沟通发现，他是工程师出身，对技术非常专业。他负责的数据中心需要的通信模块单元，如果在德国生产，价格非常贵，而且只能人工手工制作。他看了我们的样品后，对于品质比较满意。我用 PPT 给他宣讲了我们公司的优势：我们有熟练的装配工人，人工成本远低于德国，而且产品通过了TÜV认证，确保他可以以最低成本采购到符合德国市场要求的产品。最后他和我讨论是否可以对产品做微调，以便适应新数据中心的要求，我和他一一确认。最终在展会上，William和我签了总价值100万美元的数据中心通信模块订单。

（7）展会记录

对于展会记录，我倾向于记录客户担心的问题和顾虑。通过记录多位客户的问题，可以总结出高频问题。针对高频问题给出一个标准解决方案，就方便洽谈时业务员从容应对。和订单相关的信息要重点记录，如客户公司主谈人、订单数量、订单金额、付款方式、附加要求等，要形成备忘录，以便展后跟进客户时查阅。

（8）展后跟进

我通常会在谈判时用手机录音，同时记录谈判关键节点内容。客户离开展位后，我会利用空闲时间通过思维导图形成简单备忘录，马上制作好正式报价单并发给客户，即便客户可能会在展馆中和其他供应商洽谈，我的报价单也会加深他对我们公司的印象，使他容易想起我们。

对于不能在展位签单的客户，我会查看思维导图及备忘录，看看关键问题出在哪里，想出解决办法，重新联系客户，看是否能在酒店见面，争取在酒店签单。

5. 实地拜访规划

实地拜访规划如图4-16所示。

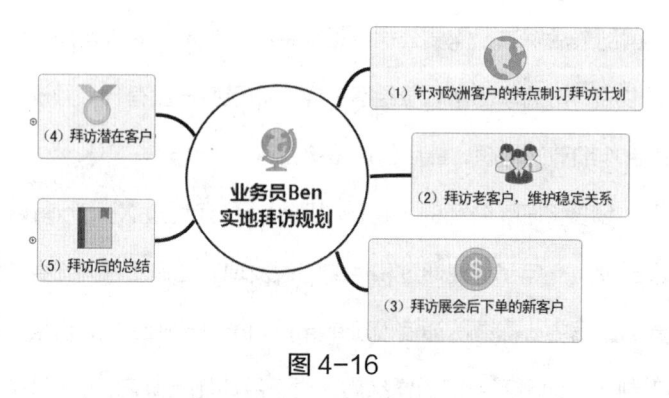

图4-16

（1）针对欧洲客户的特点制订拜访计划

我通常根据客户国家特点制订客户拜访计划，欧洲的德国、法国客户通常不会轻易换供应商，而且订单数量稳定，前 3 年积累的老客户都是金矿，每年我都会在展会后另外专程去拜访他们。法国 ABS 公司的 Andrew 和我说："虽然我们的中国供应商很多，但是能像你们这样每年都来我们公司和我们真诚交流的公司没有多少个。你除了是我的商业伙伴，更是我的朋友。"

（2）拜访老客户，维护稳定关系

除了产品和价格之外，我认为个人情感是商业中非常重要的润滑剂，是维持和客户关系的重要纽带。因此，我在拜访欧洲客户的时候，通常投入 40% 左右的时间和精力去维护老客户，巩固关系。比如法国 ABS 公司的订单量已经连续 3 年维持增长，2017 年订单总额是 350 万美元，今后有望突破 400 万美元。

（3）拜访展会后下单的新客户

通过网络开发并在展会中洽谈下单的客户，通常是原来的供应商出了问题，他们需要纳入新的供应商。这类客户接纳新供应商比较谨慎，往往会从小的试单开始，从而评估我们的产品品质、服务水平。我会投入 40% 的精力在维护这类客户上，因为虽然这类客户开始时下单的金额不太高，但是他们的销售体系比较完善，只要能成为他们的长期供应商，后续订单的数量会成倍地增长，可以成为公司利润的新来源。

通过实地拜访，可以了解客户公司真实的运营情况、各个部门的负责人，获取第一手的反馈信息。比如他们对原有供应商的抱怨、对我们的要求，我们可以在他们拓展市场的过程中扮演什么角色、提供哪些服务，这些只有当面深入洽谈后，我们才能提出解决方案，帮客户拓展市场份额，从而才能让客户追加订单。比如德国的 DT 公司，第一年的订单只有 10 万美元，合作第二年追加到 50 万美元，第三年追加到 100 万美元。从这个过程可以看出，我们已经成为他们的重要供应商之一，正在逐步替代原来不理想的供应商。我有信心他们会在原有基础上再增加 50% 的订单数量。

（4）拜访潜在客户

对于潜在客户，即和我谈过价格、讨论过技术问题，并且在即时通信软件上经常联系，但没有下单的客户，我会投入 20% 的精力。我会优先拜访来我们展位洽谈过的客户公司，这样的公司容易获得邀约批准，从而有机会找到公司的项目负责人来谈。有的公司比较大，通常是老板来过展位，但后续是项目负责人进行跟进，因此找到专门负责我们公司产品线的项目负责人就是关键。

拜访这类客户的关键是搞清楚他们的组织结构，认识他们公司各个部门的负责人及秘书。这样可以从多个部门获取客户公司的信息，情报才是完整的，清楚了解谁是我们产品的项目负责人、决策人，在做公司和产品 PPT 宣讲时才能获得客户公司的重视，就会有专人负责跟进，订单才能逐步确定下来。比如法国 RM 公司，最初和我联系的是他们公司的老板 Edmond，实地拜访他们公司后，发现老板几乎不直接做采购决策，而是交给系统工程师出身的 Marcel 和采购员 Michelle 负责。在沟通过程中，Marcel 和我讨论产品的兼容性、设计的拓展性和稳定性等技术细节问题，我拿出我们的技术参数表、测试数据，以及 TÜV 和 CE 等相关认证，以在德国数据中心的使用案例作为说明，获得了他的认同。Michelle 关心的是产品价格、付款方式。我通过给予 RM 公司等同于德国老客户的价格，以及采用 L/C 60 days 的付款条件，得到了 Michelle 的认同。最终他们一致认同后，由 Michelle 制作采购合同，提交给 Edmond 签字确认。我们最终获得 80 万美元的订单。

（5）拜访后的总结

在拜访过程中，我用思维导图记录谈判的关键节点和关键词。等完成一天的拜访工作后，我再通过思维导图回忆一天的谈判内容，包括议题及双方确认的事项、有异议的事项、正式报价单、提供解决方案的时间等，做成正式文件并发给客户。这样会给客户留下专业、高效的好印象，有助于接单。

我还会反省交流过程中的不足之处，对客户公司组织结构和人员职责判断是否全面准确，是否说错了话或忽略了关键问题。

回听一次谈判录音，再次分析自己当时的心理和客户当时的心理，反省自己是否有急躁的心态，听听是否有遗漏的关键语句，为下次沟通做好充分准备。

6. 客户个案建档

我觉得客户个案建档是非常有用的。我翻看了这两年的每位客户从开发到下单的记录，就像看电影，可以从第三者的角度来审视当初的自己，找出不足之处，就像是导演告诉演员，应该怎么演效果会更好一些，从中可以看到自己的成长过程。这些案例也可以用于公司培养新业务员，让他们可以更快速地独当一面。

（三）业务员 Cindy

业务员 Cindy 的复述事件思维导图如图 4-17 所示。

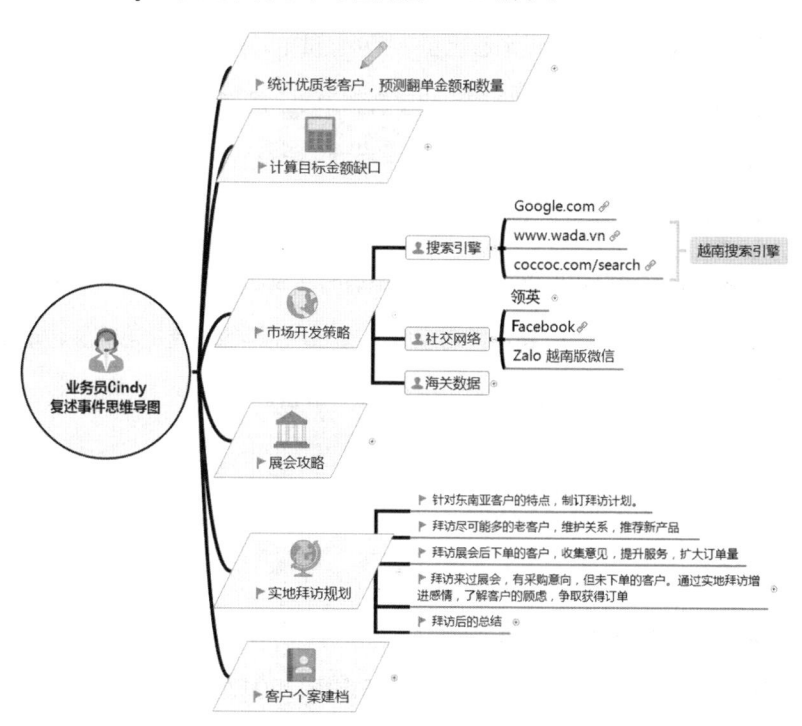

图 4-17

我分六个部分来叙述我的市场开发和接单过程。

1. 统计优质老客户，预测翻单金额和数量

2017 年客户下单已达到 700 万美元，下单的新客户中有 6 个承诺 2018 年会翻

单，订单稳定的老客户已连续 2 年下单，预计 2018 年新老客户保守下单量会在 800 万美元左右。

2. 计算目标金额缺口

预测下单金额和预计目标 1 000 万美元有 200 万美元的缺口，可通过鼓励新客户下单和开发潜力客户来完成。

3. 市场开发策略

东南亚和印度市场是我开发的重点市场，我通过印度知名 B2B 网站 IndiaMART 获取印度行业公司名录，通过商业社交网络获取客户公司职员资料，通过社交平台 Zalo 和 Instagram 获取越南前沿资讯，再通过谷歌、Hunter.io 来深度挖掘客户公司关键人的私人联系方式，通过沟通让客户下小额试单。

通过"商业情报调查"内训课程，我了解到印度、越南、马来西亚、印度尼西亚这 4 个国家正处于网络大发展的时期，对于房产、通信、网络等设施的投入逐年增加，通过海关数据查询验证，发现 X 大类产品在这 4 个国家进口量连续三年都处于上升趋势，重点开发这些地区的客户会获得不错的回报。通过 6 个月的网络开发，我已将客户信息全部录入 CRM 客户管理系统，为 2018 年参加台北电脑展、印度尼西亚雅加达国际通信展（ICT）和后期实地拜访做好准备。

4. 展会攻略

我分八个要点展开叙述展会攻略。

（1）展会选择

我们选择台北电脑展、印度尼西亚雅加达国际通信展是因为它们是东亚和东南亚最大的通信产品交易会，覆盖了东南亚和南亚市场。2017 年 9 月我就开始筹备，前期潜在客户情报收集工作和参展准备工作已经完成，2018 年 6 月可赴台北、10 月可赴印度尼西亚参展。

（2）参展目的

参展目的主要有四个：

第一，让老客户觉得他们是 VIP，特别受我们重视；

第二，在展会上和老客户洽谈翻单事宜；

第三，在展会上开发新客户，获取新订单；

第四，拜访新客户，了解最新的市场动态。

（3）展前宣传

为了吸引更多的客户来我们展位观展，我订购了展会的 APP 展商广告和付费刊登目录，让目的性很强的专业客户快速找到我们。东南亚客户对价格敏感，对品质没有特别高的要求，只要给客户优惠的价格，客户就会愿意尝试下单。半年以来我通过领英、Wada.vn、谷歌和 IndiaMART 开发的潜在客户已经超过 3 000 个。我通过邮件发送邀请函告诉客户我们的展位地址，邀请客户过来观展，我们展位的人气一定会旺。

（4）人员选择

这次展会计划由两人参加：我及一位外贸业务员。

（5）重要资料

我会按公司内训手册中《有效制订参展计划》的要求进行准备。

其中有几份重要资料：

* 公司介绍 PPT、产品演示 PPT、公司视频，方便对客户进行宣讲；

* 标准合同、PI，方便现场签单时使用；

* 产品价格表，可以给客户打折，促成对价格犹豫的客户下单；

* 客户常见问题手册，记录客户问的新问题，拓展常见问题手册的内容；

*VR 眼镜，让客户观看公司生产线、厂房、公司的全景视频。

（6）展会接单

老客户主要是过来看看新产品和谈翻单事宜，会要求降价，但在降价的同时我们可以要求客户提升定金比例，这样可以使公司现金快速回笼，对于特别重要的客户，可以给予一定的账期，比如采用见提单 60 天付款信用证。通过网络开发的客户，前期已经在网上沟通过多次，他们来的目的是和业务员沟通，在沟通过程中确认供应商的专业度、看样品，只要价格优惠，客户基本上会下单。

我善于把握东南亚客户的心理，虽然他们对价格敏感，但比较重人情，对人较热情，我会在展会上通过诊断式提问让客户说出他们担心的问题，打开他们的话匣子。东南亚客户有一个特点，话匣子打开后，话特别多，从而可以化解他们一开始的价格敏感情绪和敌对情绪。我会记录谈判的关键节点并和客户确认，将有异议的问题留到最后解决，形成一份简单的备忘录给客户看，再进行下一步，谈合作细节的问题，最后确认签单合作。

举个例子：越南VTC公司的采购员阮小姐是我通过领英认识并加了她的Zalo好友。半年来通过和她在Zalo上沟通发现，她在南宁上过大学，会中文，熟悉中国文化，砍价也很在行。在展会上，她除了和我确认技术问题之外，在每个部件上也要和我计算成本，最终我拿出产品价格表，告诉她给她的已经是很优惠的价格，不能再低了，不然产品品质一定会出问题。我最终以高于成本15%的价格卖出了100万美元的设备。

（7）展会记录

我通常会在展会中录音，因为东南亚客户说英语口音比较重，多听录音有助于以后在现场交流时准确判断不同国家和地区客户的意思，避免产生误会。展会中客户关心的问题多数都是价格、品质和认证、付款方式，我倾向于多记录客户的个性化设计要求、定制化需求。因为这些需要定制化产品的客户，利润会比较高，而且只要找我们做了，以后我们就是唯一的供应商，可以伴随客户一起成长。对于客户的要求和我给客户的承诺，我会做成一份备忘录，给客户也发一份，在以后的沟通过程中就不需要反复确认意见达成过一致的问题。

（8）展后跟进

对于展后跟进，我会在和客户谈判时用笔记本记录关键词，等客户离开后，利用手机中的思维导图软件快速回忆和记录这次谈判过程中的节点，马上制作正式报价单发给客户，并在即时通信软件上提醒客户接收。对于当天来过展位但没有签单的客户，我会回顾录音，分析客户的心理，找出问题的解决方法，邀请客户第二天再来展位洽谈，对于客户的合理要求尽量满足，只要打消客户当时的顾虑，他们基本上会签单。

5. 实地拜访规划

实地拜访规划如图 4-18 所示。

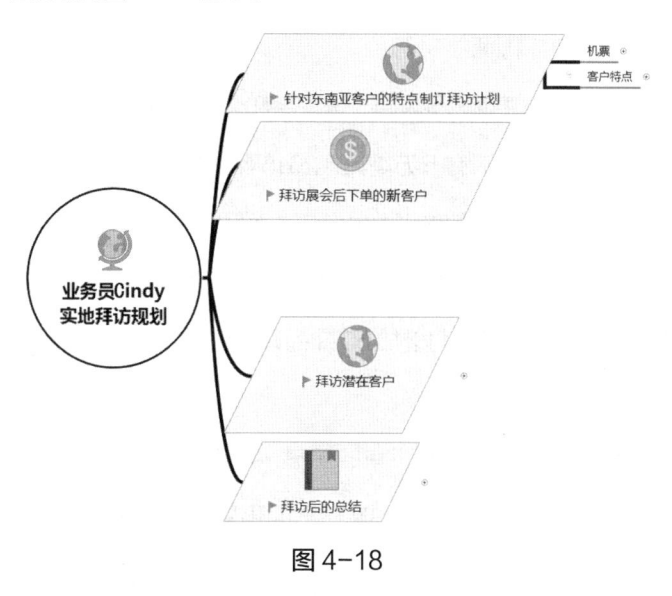

图 4-18

（1）针对东南亚客户的特点制订拜访计划

东南亚地区有不同于欧美市场的特点，这个地区的客户的工作和生活通常是慢节奏的，喜欢面对面沟通，以便增进感情。经过熟人介绍，再在展会中沟通，更容易达成合作，他们喜欢在商业人脉圈子内合作。因此，我在拜访东南亚客户的时候，通常投入 60% 左右的时间和精力去维护老客户，融入他们的商业人脉圈子，才能更好地拓展当地市场。比如越南 YUC 公司的老板 Lee，我已经是他家里的常客，他还教了我一些常用的越南语，带我认识了不少朋友。2017 年 YUC 公司订单总额是 150 万美元，Lee 朋友的公司 WK 给我下单 60 万美元，2018 年 YUC 有望翻单超过 200 万美元。

（2）拜访展会后下单的新客户

这类客户通常对价格比较敏感，通过展会下单是因为原来的供应商达不到他们的价格要求，他们换供应商比较频繁。对于这类客户，除了价格之外，还需要通过产品品质吸引他们，他们会从小的试单开始，以低风险模式来评估新供应商是否可以继续合作。对这类客户我会投入30%的精力。这类客户开始的订单金额一般不太高，但是公司发展迅速，需要低成本扩张，只要能伴随他们成长，后续订单的数量可能会成倍地增长，通过数量弥补利润的不足。

通过实地拜访，可以更深入地发展个人关系和合作关系。比如印度尼西亚的HL公司的Lai，2015年的订单只有5万美元，2016年追加到30万美元，2017年追加到100万美元，我们已经成了他的主力供应商，而且通过Lai的介绍，我认识了印度尼西亚其他的客户。2017年的展会同样积累了一批这样小规模下单的新客户，2018年我有信心让他们在原有基础上再增加50%的订单数量。

（3）拜访潜在客户

对于来过我们展位洽谈但没有下单的客户，我归类为潜在客户。我通常会投入10%的精力去拜访他们，主要是和关键人发展更深一步的关系，获得小规模订单，让他们体验我们的产品和服务。在拜访中我会通过公司和产品PPT宣讲展示出公司的专业和实力，深入了解客户的顾虑，向客户展示我们在东南亚合作成功的客户案例，打消客户最后的疑虑，通常会获得小量试单。比如越南TER公司、马来西亚RBD公司、印度IDEM公司等十多家公司最初的试单都是10万美元左右，2017年这类客户下单合计达到150万美元。只要用心维护，这类公司订单翻倍的速度是很快的。

（4）拜访后的总结

对于拜访后的总结，我的习惯是这样的。

在拜访过程中，我喜欢用思维导图画出客户公司的人脉关系图谱和谈判节点。因为人脉资源对于在东南亚拓展业务非常重要，可以通过一个点打开一片市场。通过记录谈判节点，我就可以回忆一天的谈判内容，并做好备忘录，随时查看。

反省在当天拜访中的不足之处，对客户的要求是否理解到位，是否对客户做了过多的承诺，报价和付款方式是否在可控范围内，有没有考虑当地的政治、经济风险等。

回听一次谈判录音，分析当时双方的心理，听听是否有遗漏的话题，为下次沟通做好充分准备。

6. 客户个案建档

我觉得进行客户个案建档，除了可以方便自己学习提升外，还可以看到自己和客户的发展历程。我通常给一位客户建档后再自己重新叙述一次这个客户的开发过程，然后重新设问，如果再遇到同样的谈判环节，我会有几种应对策略，怎样处理效果会更好。通过这些方法，我在带公司新人的时候，新人会比较受用，在展会上他们都可以比较自如地应对客户的问题，成长很快。

以上是三个业务员在例会中完成的一次事件的复述，所有人都在同一个框架内叙述事件，把大家带入当时的场景，完成复盘的第三步。

四、反思剖析

我们对合作过的客户，都要进行反思剖析，这样才能看出在业务过程中存在哪些问题，找出原因，总结经验并发现规律。我们可以从过去的业务活动中总结对未来接单有用的经验，也能看到今天的自己比之前有了多少成长。

如何进行反思剖析呢？

我们可以按业务流程来划分需要剖析的阶段，划分好阶段后，再对每个阶段具体工作的可控性进行判断，从而得出图 4-19 所示的反思剖析的思维导图。

利用思维导图，我们就可以进行反思剖析。

对可控的因素，我们是否尽量做到了最好。比如在网络开发客户阶段，我们是否收集到了足够多的客户邮箱、联系人和电话。

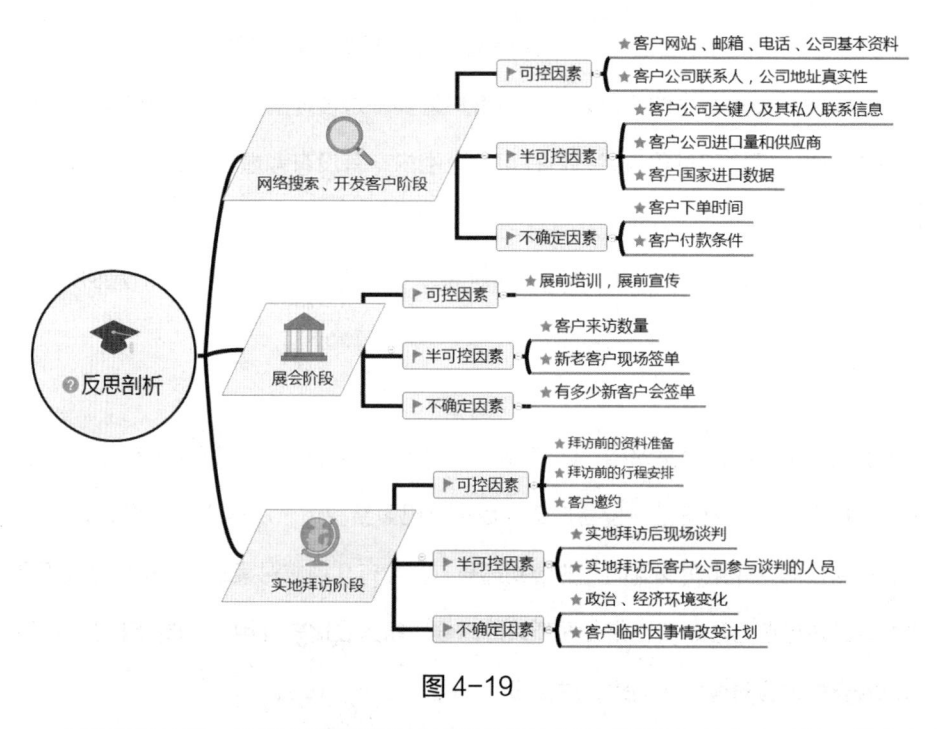

```
反思剖析
├─ 网络搜索、开发客户阶段
│   ├─ ★可控因素
│   │   ★ 客户网站、邮箱、电话、公司基本资料
│   │   ★ 客户公司联系人，公司地址真实性
│   ├─ ★半可控因素
│   │   ★ 客户公司关键人及其私人联系信息
│   │   ★ 客户公司进口量和供应商
│   │   ★ 客户国家进口数据
│   └─ ★不确定因素
│       ★ 客户下单时间
│       ★ 客户付款条件
├─ 展会阶段
│   ├─ ★可控因素
│   │   ★ 展前培训，展前宣传
│   ├─ ★半可控因素
│   │   ★ 客户来访数量
│   │   ★ 新老客户现场签单
│   └─ ★不确定因素
│       ★ 有多少新客户会签单
└─ 实地拜访阶段
    ├─ ★可控因素
    │   ★ 拜访前的资料准备
    │   ★ 拜访前的行程安排
    │   ★ 客户邀约
    ├─ ★半可控因素
    │   ★ 实地拜访后现场谈判
    │   ★ 实地拜访后客户公司参与谈判的人员
    └─ ★不确定因素
        ★ 政治、经济环境变化
        ★ 客户临时因事情改变计划
```

图 4-19

对半可控因素，我们自己可以掌控的部分是否做到了最好。比如在网络开发客户阶段，我们是否已经充分掌握了目标国家和地区的进口数据和客户的进口数量及其供应商的信息，这些都是有助于业务员谈判、接单、定价的重要情报；在展会阶段，我们的业务员是否展示出了专业的形象，在和客户谈判的过程中，是否把握住了谈判的主动权等。

对不确定因素，我们是否和客户做了充分的沟通，对客户的顾虑做了充分的调查，对当地的政治、经济环境变化是否足够敏感。比如在展会和实地拜访阶段，新客户不签单是什么因素导致的，我们有没有及时跟进案子的进展，这些因素会不会因为时间的变化而消失，从而获取新的谈判机会等。

针对这些因素进行探讨，为什么会这样，我们还可以做什么努力，从而对一类事情的规律进行总结，才能看到问题的本质。反思剖析不仅仅是针对过去的案例分析事件的过程，更重要的是对自身的反省，在反思剖析的过程中可以听取团队其他成员的意见，从而获得新的认知和更快的成长。

五、连续提问

之前的四步都停留在业务员本身的叙述上,如果让其他业务员参与进来提问,就可以让复盘叙述突破当事业务员个人的见识局限,因为不同的业务员有不同的格局和认知,会从不同的角度提问,从而发掘更全面的信息,获得更多的价值。

连续提问要避免漫无目的的提问,越扯越远。我们应当建立一个提问框架,在这个框架内进行提问,这样既可以针对事实进行分析,又可以避免基于个人情绪的相互争论,因为加入了情绪的争论,往往会偏离事实。可选的提问框架如图 4-20 所示。

图 4-20

(1)最初决定做一件事的时候,是什么前提支撑我们这么做的?

(2)思考现在是什么情况,弄清事情的进展:现在是达到了目标,还是只完成了一部分,遇到什么问题没有解决等。这个问题需要用信息和数据来回答。

(3)重新审视最初决定的前提,我们做事情的时候必然有事先的假设作为行动基础,它是思维的起点。如果作为思维起点的假设改变了,随后的一切行动也会改变。

我们用图 4-21 所示的业务员 Cindy 开发越南市场的思维导图做例子。

图 4-21

其他人提问:

(1) 为什么最初你决定用 Wada.vn 和 coccoc.com 作为主要市场开发工具，而不是只用谷歌？

(2) 为什么最初你决定用 Zalo 这个软件，而不是 WhatsApp、Skype？

回答：

我开发的是东南亚市场，特别是越南这个国家，人口接近 1 亿，越南必定有当地人喜欢用的本土搜索引擎。我使用越南本地搜索引擎，用越南语关键词搜索客户信息，关键词匹配会比谷歌更加精准，过滤掉了很多无用信息，可以快速获得精准的客户公司资料。

人口数量如此庞大的国家，必定有适合本地人用的社交即时通信软件，Zalo 就类似中国的微信，在上面和越南客户沟通更符合越南人的习惯，而且还可以学习越南语，帮助我更好地融入客户环境。这类即时通信软件，客户一旦习惯，很少会换其他的。

其他人提问：

(1) 你通过 Wada.vn 和 coccoc.com 搜索客户资料，现在有什么收获？

(2) 你使用 Zalo 时遇到过什么障碍吗？

回答：

通过 Wada.vn 和 coccoc.com 收集到的客户信息，对我参展和后期实地拜访客户有重要的意义，帮我找到了很多谷歌上找不到的客户。2017 年新增的越南客户很多都是从 Wada.vn 上找来的。

我在使用 Zalo 过程中遇到的障碍是语言障碍，越南公司的负责人并不都会英文。在用 Zalo 沟通的过程中，我需要通过谷歌翻译将英语转换成越南语和他们沟通，虽然生硬，但基本上能交流，客户的感觉很不错，因此我能够融入他们的环境。在实地拜访过程中，我会请一个在中国留学过的当地大学生给我做翻译，避免因为语言问题产生一些不必要的误会。

最后，大家可以一起回顾最初的决定的前提。

选择当地搜索引擎的思维起点是对的吗？

选择当地即时通信工具 Zalo 对成功接单有什么意义？

如果把这个思维运用到其他市场，我们可以做得更好吗？

(六) 总结规律

总结规律是复盘的最后一步，是为了得出正确的规律和认知，可以指导今后的工作，提升业绩。如图 4-22 所示，通过多个业务员的叙述和连续提问，我们就可以得出市场开发的一般规律，形成标准化作业流程。

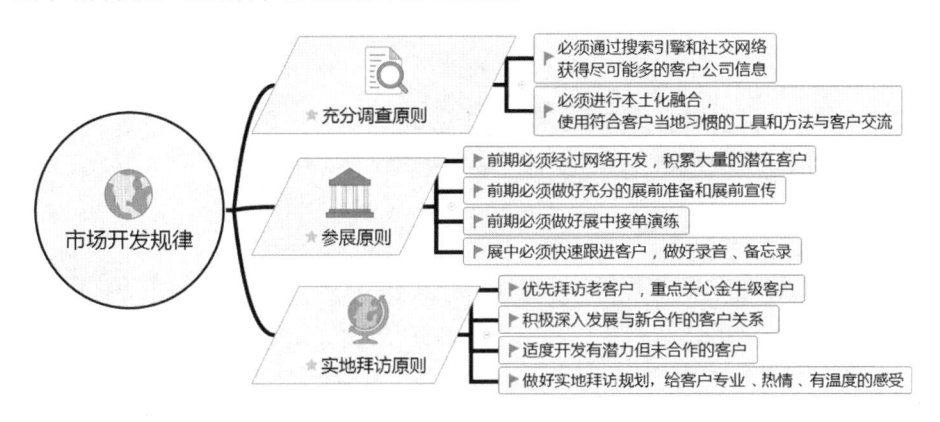

市场开发规律

★ 充分调查原则
- 必须通过搜索引擎和社交网络获得尽可能多的客户公司信息
- 必须进行本土化融合，使用符合客户当地习惯的工具和方法与客户交流

★ 参展原则
- 前期必须经过网络开发，积累大量的潜在客户
- 前期必须做好充分的展前准备和展前宣传
- 前期必须做好展中接单演练
- 展中必须快速跟进客户，做好录音、备忘录

★ 实地拜访原则
- 优先拜访老客户，重点关心金牛级客户
- 积极深入发展与新合作的客户关系
- 适度开发有潜力但未合作的客户
- 做好实地拜访规划，给客户专业、热情、有温度的感受

图 4-22

第五章 CHAPTER FIVE
进化——穿越阶层进化论

| 第五章 | 进化——穿越阶层进化论

● 第一节　一级进化，建立知识金字塔思维，开悟智慧

进入信息爆炸、知识碎片化时代，人类逐渐形成被信息"喂养"的习惯，思考能力和逻辑分析能力逐步退化。没有扎实的逻辑结构的知识就像一盘散沙，无法凝聚能量，所有工作和生活中的问题，就像一层迷雾笼罩在你身上，让你如困樊笼，拼尽全力却无法突破，身心俱疲。

仙侠剧中有一个常见的场景，主角修炼时，必须平心静气，汇聚天地灵气于气海丹田，将气脉精华凝聚成光芒夺目的元气，集成强大的力量后，再出招便是地裂山崩的震撼。我们想在职场中不断突破，就必须修炼内功，搭建领域知识金字塔体系。内功修炼不是看某些公众号那种零散的知识可以完成的。

只有精通一个领域的知识，才可以在此基础上根据各人自身的特点，形成自己的一套逻辑思维方式，才能悟出属于你的智慧，否则空谈悟性纯属扯淡。

一、关于知识的错误思维

对于学习业务知识，人们通常有几种错误的思维，我把它们总结为三种。

（一）基因性格决定论

基因性格决定论认为学习知识能力的强弱是天生的，有的人天生就是学霸，无论学什么都可以轻轻松松记住。相应的，有的人性格开朗，天生就适合做业务员，而有的人性格内向，不适合做业务员。我们做业务员千万不能有这样的思想。就像跑步、打乒乓球、打羽毛球，即便我们天生是菜鸟，但是通过向专业教练学习和后天的不断训练，我们一样可以学会专业的打法，虽然不能和运动员相提并论，但在场上可以打败很多业余爱好者，甚至可以和专业运动员过几招。

（二）时间积累论

我们不要认为学习一类知识越久就会越精通，这种思维会造成我们的偷懒心理，不去思考，总是重复地做同样的事情，偏偏还认为自己干了这么久应该很厉害了。

这种思维犯了非常大的错误，新人未必干不掉老手，正确的学习思维和方法会带来质的变化。

（三）努力至上论

努力至上论觉得只要努力就行了，方法不重要，认为做多了自然就能掌握方法。很多事情，方向如果错了，越努力问题越大。

认识到了这些错误思维之后，我们才会明白建立行业领域知识金字塔的重要性，掌握正确的知识体系，学会刻意练习方法，才能使我们突破基因的限制，在同样的时间内获得更好的效果，付出同样程度的努力可以获得更好的收益。

二、如何建立外贸领域知识金字塔

我们先看一个小故事。

"95后"的星仔毕业了，进入一家公司做外贸业务员，但做了几个月后业务没有什么起色，他心情很不好，就找室友小马出来吃夜宵、吐槽。

星仔："做外贸真累！我干了这么久，还干不出大单，真没劲！"

小马："我看你每天看手机，收藏很多东西，每天都好像很有收获的样子啊！"

星仔："我真的在很用心学呀！我关注了很多外贸大V的公众号，他们分享了很多干货，每天不刷一下公众号，不收藏他们的干货，我怕会错过哪一招，错过500万啊！"

小马："给我看一下你的手机。你确实是收藏了很多干货。我抽几条问你一下，'如何找到老板的私人邮箱？''如何写出有吸引力的开发信标题？''汇率变动如何向客户解释才能避免损失？'"

星仔："我……都记不住了，但我当初是花了不少时间学习的啊！我真的很用心了，不然我也不会收藏。"

小马:"我太了解你了,虽然你表面上看起来很努力,很好学,但是就像你平时放东西一样,找到空位就塞进去,没有规律,时间一久,要找个东西就要翻遍整个房子。虽然你收藏了很多帖子,但是都不能转化成你自己的知识,一到用的时候就想不起来了,就像上战场要开枪时才发现没子弹,你当然会先被打死。"

虽然很多人像星仔一样都很热衷于学习,每天都刷各类大 V 的公众号,生怕错过绝招和重大信息,但几分钟看完后就加入收藏夹,几乎不会再多看一眼,潜意识里不愿意花时间在知识的消化上,最终收藏的所谓"干货知识"总量越来越大,而不能为其所用。在这样低效率的知识管理下,产生"我已经很努力学习了,然而却没有什么效果"的幻觉,容易打击信心,使人产生很强的焦虑感。

语言学家们经研究发现 3 岁的幼儿学习语言会非常快,他们会关联他们看到的事情和人们的动作、语言表达、表情,从而做出反应,因此只要将幼儿置于特定的语言环境中,他们可以快速地掌握一门新语言。这说明一个规律:可以理解的输入才是有效的输入,有了有效的输入,才可以有效地输出。学习也是一个关联的过程。

学习是概念的合集,我们要学习新的知识,就必须要掌握一些老的知识,如果老的知识没有掌握,我们就没办法去学习新的知识。知识和知识之间是有关联的。我们可以用图 5-1 所示的金字塔来展示,要学习上层的知识,就必须要先学会下层的知识,再一层一层垒加上去。

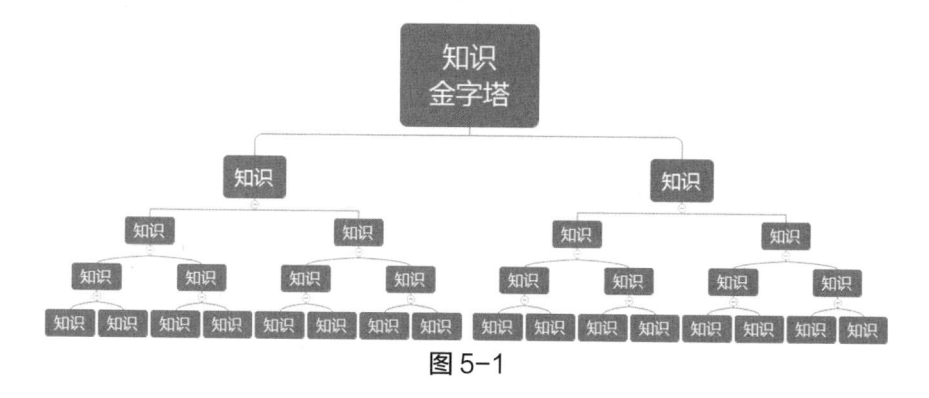

图 5-1

如图 5-2 所示，在外贸业务中，如果想学会客户搜索，那么我们就必须掌握下层的基础理论。

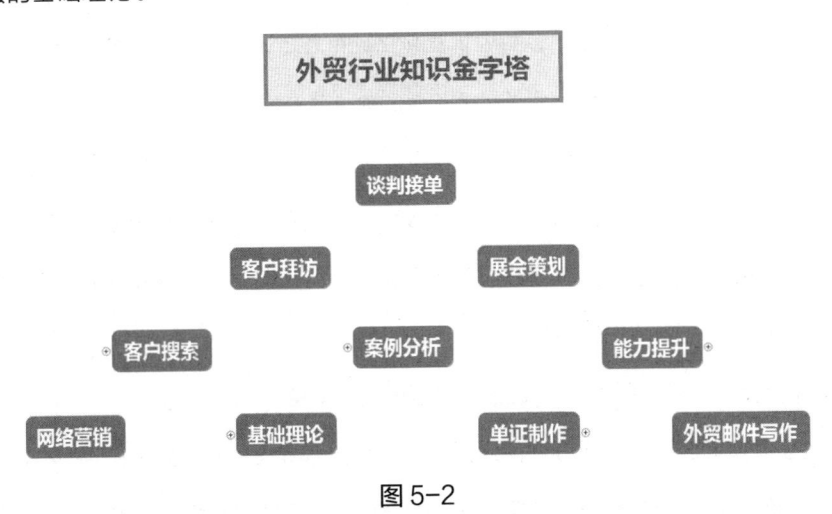

外贸行业知识金字塔

谈判接单

客户拜访　　展会策划

客户搜索　　案例分析　　能力提升

网络营销　　基础理论　　单证制作　　外贸邮件写作

图 5-2

一个知识点和多个知识点之间还会有关联，因此如图 5-3 所示，外贸行业知识关系可能还会呈现网状结构。

这些知识点之间的联系非常紧密，形成了一个整体，那些知识点之间的联系也非常紧密，形成另外一个整体。这些紧密联系的知识点，我们就可以称为知识领域，如图 5-4 所示。

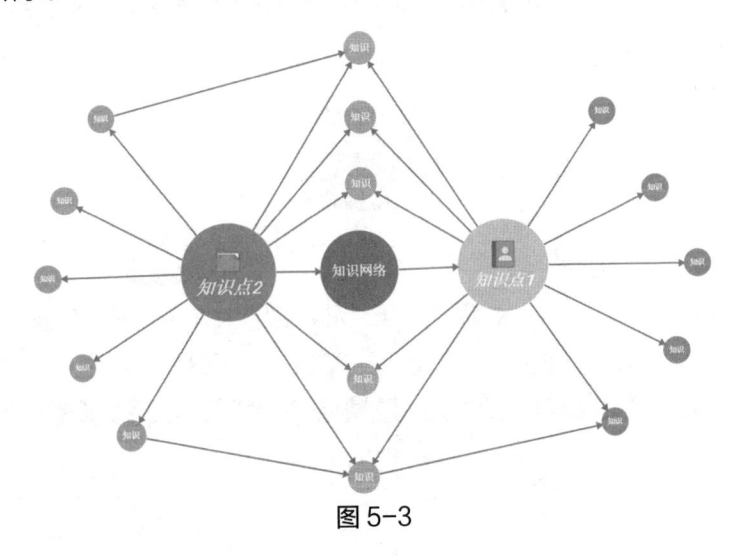

图 5-3

| 第五章 | 进化——穿越阶层进化论

图 5-4

以外贸工作的几个知识领域为例：

外贸邮件技巧——邮件标题技巧、正文写作技巧、用词技巧；

外贸谈判技巧——报价技巧、客户心理分析技巧、时间掌控技巧、价值展现技巧；

客户开发技巧——客户搜索技巧、搜索命令运用技巧、海关数据分析技巧、社交获客技巧；

外贸邮件技巧是一个领域，外贸谈判技巧又是另外一个领域。一个领域的知识只能解决一种类型的问题，领域知识和领域知识结合在一起才能解决更多更难的问题。

外贸高手和新人的区别就在于：掌握知识点的数量、掌握知识领域的数量、知识网络密集程度以及掌握知识的质量。

外贸新人如何快速搭建知识金字塔，快速形成自己的知识领域呢？

首先我们要补充我们的阳知识。阳知识指市面上可以找到的教材中包含的知识，这些教材可以帮助我们快速搭建一个领域的知识框架。掌握了阳知识我们就可以掌握一个行业 60% 的知识，可以了解一个行业是如何运作的。

外贸业务日常工作中会用到很多知识点，涉及国际贸易实务基础理论、单证制作、外贸邮件写作、网络营销、客户搜索、展会策划、客户拜访、谈判接单等事宜。我们把这些知识点垒加起来，就会形成一个外贸行业知识金字塔。

我们如何搭建一个高质量的外贸行业知识金字塔呢？首先我们要获取高质量的专业教材。选择的标准首先是出版社，首选专业出版社，其次是作者的业内名气和口碑，基于这两点做选择，选到的教材质量都不会差。然后再采取图 5-5 所示的学习策略。

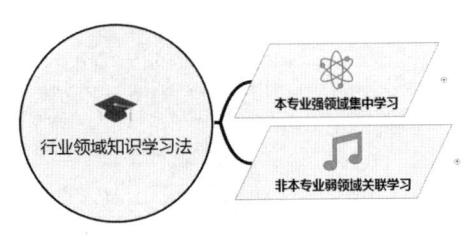

图 5-5

我们可以通过图书馆借阅书籍，也可以利用电商平台购买教材，通过看读者评价和选择专业的出版社，基本上都能选到靠谱的教材。比如外贸行业，首选中国海关出版社有限公司出版的书籍，专业性都很强。

通过学习图 5-6 所示思维导图中列出的书籍，我们就可以搭建起外贸行业领域的知识金字塔的基础框架。

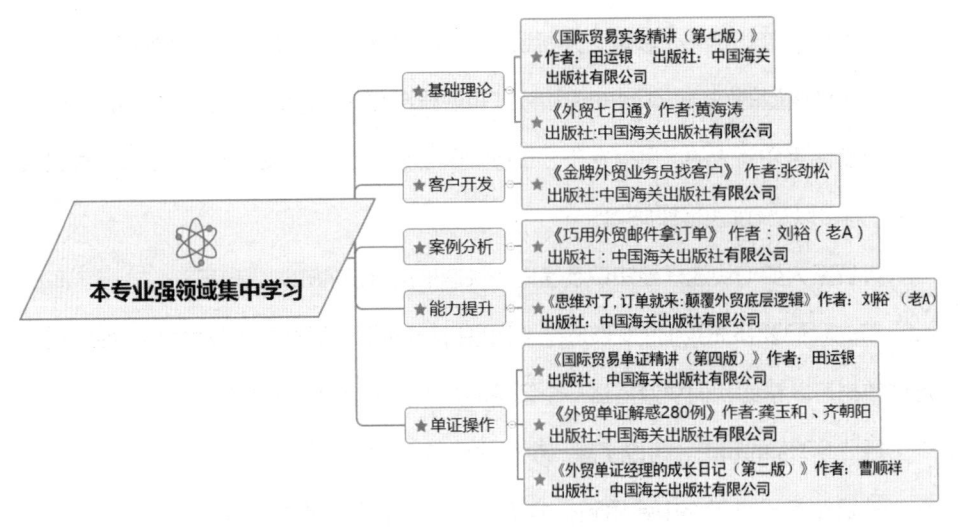

图 5-6

（一）基础理论

通过学习《国际贸易实务精讲（第七版）》和《外贸七日通》，就可以掌握解国际贸易的基础理论、专业术语、操作流程、付款方式等。

（二）客户开发

通过学习《金牌外贸业务员找客户》可以掌握外贸开发客户的基本方法。

（三）案例分析

通过学习《巧用外贸邮件拿订单》就可以让我们掌握从开发客户到收款的全流程，让我们身临其境地体验开发客户时各种交锋角力，学习如何不见面，只用邮件就可以搞定相隔万里的客户。

（四）能力提升

《思维对了，订单就来：颠覆外贸底层逻辑》可以帮助我们快速地提升学习能力、信息处理能力、客户开发能力以及快速掌握其他领域知识的能力，形成严谨的逻辑思维和快速输出的能力。

（五）单证操作

通过学习《国际贸易单证精讲（第四版）》《外贸单证解惑280例》《外贸单证经理的成长日记（第二版）》就可以掌握外贸单证的制作、付款单证的条款、单证的陷阱、单证的注意事项等。

我们除了加强本专业领域知识的学习之外，也要学习非本专业领域的知识。

外贸业务就是国际销售，要成为国际市场销售专家，就必须掌握营销和销售方面的知识，如图5-7所示。因此《营销管理》《消费者行为学》《销售圣经》《优势谈判》是我们必须学习的经典教材，这几本书奠定了现代营销和销售学的基础理论。掌握基础理论后，我们再学习其他营销和销售技巧，才能知其然也知其所以然，才会用得游刃有余。

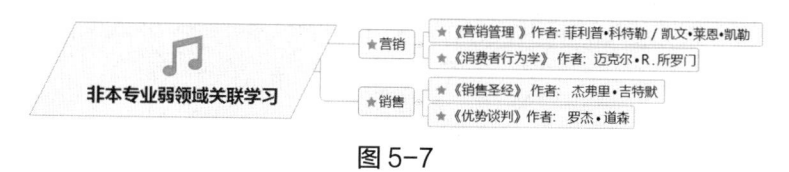

图 5-7

完整的行业领域知识学习法思维导图如图5-8所示。

三、刻意练习思维，补充阴知识

月球正对着我们的是阳面，我们看不到的月球背面称为阴面。知识也有阴阳之分。阳知识会在书本中写得清清楚楚，比如公式、定理、原理。但是一本书不可能把一个领域的所有知识通通都写进去，不然就会非常厚，没人会有兴趣看下去。

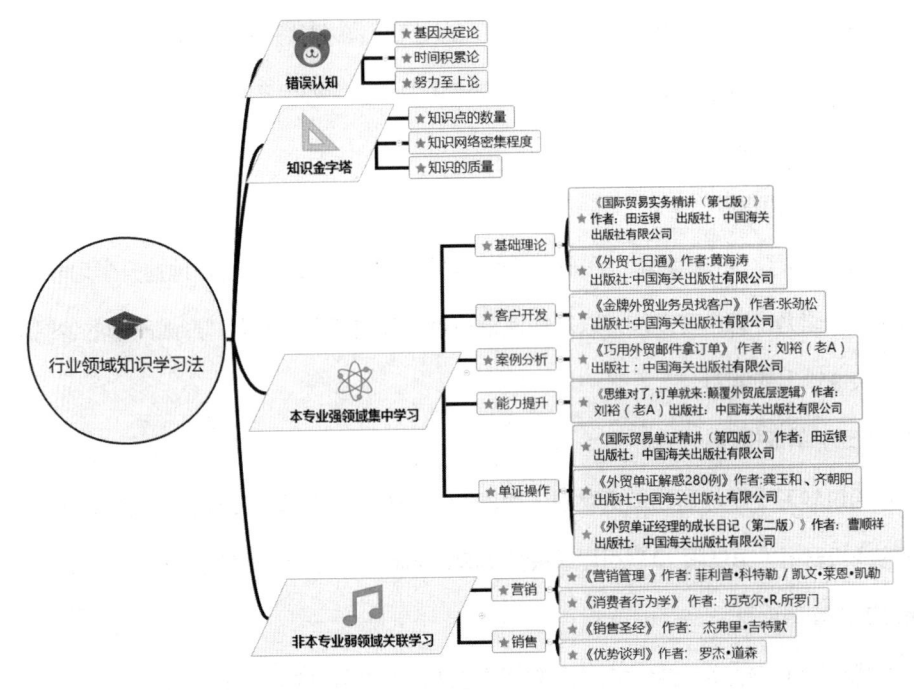

图 5-8

阴知识是没有写到书里而在业务工作中不可或缺的方法和技巧。阴知识是需要我们自己花时间去收集、发现和请教业内的高手才能获得，通过自己的刻意练习才能掌握的知识。

图 5-9 展示了获取阴知识的思维导图。

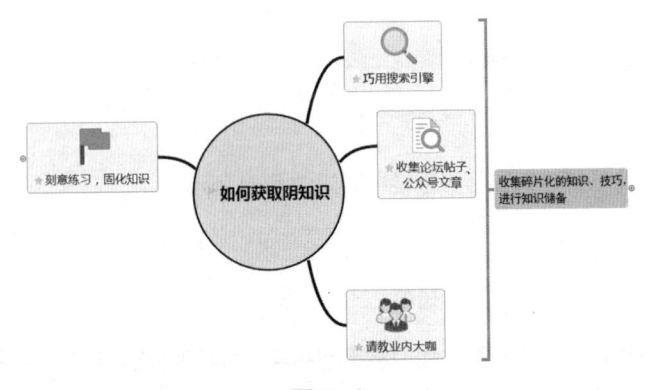

图 5-9

（一）巧用搜索引擎

学会使用搜索引擎是外贸业务员的基本功。比如某 LED 公司原来做的都是国内业务，老板让星仔去开发国际市场，一切都要从头开始。公司的技术资料全是中文的，书店也买不到英文资料，怎么办？星仔就用谷歌搜索国外的 LED 公司，看看对方是如何介绍产品参数的，然后对比自己公司的资料，就可以学到英文的专业名词，只要稍微修改参数，公司产品的英文技术资料就做出来了。星仔通过搜索国外的 PDF 技术文件，慢慢就读懂了 LED 行业的很多术语、表达方式。这为他后续的外贸业务谈判沟通打下了良好的基础。

（二）收集论坛帖子、公众号文章

星仔是个很上进的人，为了提升业务水平，他经常会逛阿里巴巴外贸圈和福步论坛，看一些外贸牛人分享的帖子，以及从各个大咖的公众号文章中吸收干货。论坛中散落了各种主题帖，比如如何搜索客户、如何写开发信标题、如何写开发信、各种接单案例、如何防止被骗等。这些内容都是零散的、不系统的。星仔就通过有道云笔记、石墨文档、思维导图等工具把它们按不同领域进行归类整理。这些工作都是星仔在给自己不断地补充阴知识，让知识之间的网络连接得更加紧密，逐渐形成他自己的知识领域。

（三）请教业内大咖

在学习过程中，星仔遇到不懂的问题经常会请教业内大咖。有时候自己想了几天都操作不下去的问题，大咖们指点一下就立刻懂了。因为业内大咖经历丰富，经常遇到各类千奇百怪的情况，很多新人遇到很麻烦的问题，经过他们点拨就可以节省很长的摸索时间。

（四）刻意练习，固化知识

刻意练习是为了达到某种目的而进行的针对性很强的训练。一个人经过刻意练习之后，掌握的技能就会越来越多，对新的知识、技能、领域会出现一种"学习上的迁移能力"，能够把以往的经验应用到一个新领域并快速掌握它，从而建立起自己的理论体系，获得能力上的提升和心理上的自信。

以打羽毛球为例，一开始我们对如何打羽毛球一无所知，拍子怎么拿、怎么发球、比赛规则是怎么样的都不懂，这就是典型的菜鸟。随着我们打羽毛球时间的增加，我们就变得会拿拍、会发球了，也会接球和扣球了，就达到和其他人一样的水平，可以你来我往地打起来了。从完全不会到会，我们的羽毛球水平是一直进步的，但是到达某一阶段，我们就会发现不怎么进步了，就停留在会打羽毛球的阶段。这个状态，我们称为稳态。一个打了10年的人和一个打了2年的人也可以在一起对战，你来我往打得不亦乐乎。有时候打了10年的人会被打了2年的人打败。按理说一个有10年经验的人应该很厉害才对，这就引出了一个问题，为什么老鸟会被菜鸟打败？为什么老鸟的水平会停滞甚至倒退呢？

其实一个人长期重复做一件事，是一种低效的工作方式。有的外贸业务员做了五六年业务，虽然每天都在写邮件，但邮件却写得不好，总是抓不住客户的痛点。虽然每天都有询盘，但离开了某平台，就不会主动开发客户了。我们如何打破这种稳态，获得更大的进步呢？

我们先看一下专业羽毛球运动员是怎么训练的。世界羽毛球冠军林丹是怎么训练的呢？难道是一天到晚打比赛吗？并不是的。他要做很多基础性的训练：发球、击球、挥拍、步法、杀球、吊球、推球、力量、对攻……他每天要花1~2小时专门练习发球、击球、步法、战术，还要针对不同选手的打法制定策略等。

刻意练习应该怎么做呢？我们可以通过图5-10所示的七步曲进行训练。

1. 运动中的刻意练习七步曲

（1）科学有效的训练方法

以羽毛球为例，从中国羽毛球队的训练方法来看，为什么学习羽毛球不是每天都让队员打羽毛球比赛，而是进行单项训练，把训练拆解成多个部分呢？一定是国家队专业人员经过多年摸索发现这样训练是最有效的，所以形成了一套科学有效的训练方法。

图 5-10

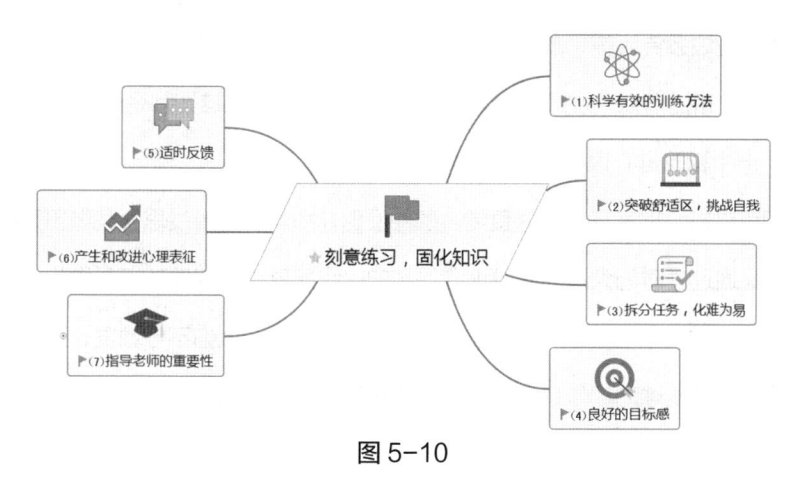

（2）突破舒适区，挑战自我

以发球为例，世界冠军林丹难道不会发球吗？他本身就是世界羽坛发球最好的人之一，为什么他还要每天练习发球呢？是为了突破舒适区，因为虽然他的发球技巧已经够好了，但不代表他已经达到极致了，不断地练习是为了比过去更好，角度更刁钻，速度更快。接发球原来可以接 100 个球 0 失误，现在可以达到接 120 个球 0 失误，突破舒适区，不断挑战自我，可以超越现有的水平。

（3）拆分任务，化难为易

如何提升一个人的羽毛球水平，这个问题很抽象，不好下手。但是怎样练习发 100 个球，怎样练习接 100 个球，这样就很好量化，相对来说更简单。把很难的东西拆分成具体步骤，变成没那么难完成的东西，就很好操作下去。

（4）良好的目标感

要清楚做这个事情的目的是什么，以及知道我只要做了这个事情，我的能力就可以得到锻炼。比如，我练习发球，我的目标就是要发 100 个让对方很难接住的球，练习扣杀，就要扣 100 个角度刁钻、对方很难接住的球。

（5）适时反馈

所谓反馈，就是反思我做这个事情是正确还是错误的，如果正确，正确在哪里，如果错误，错误在哪里，以便改进。比如羽毛球练习，不是你一个人练，而是有教练的，教练在旁边会告诉你，拿拍子的角度哪里错了，影响扣杀效果；步法不对，很难跑准位置，会错过落点；发球发得太高了，容易被扣死等。这些都是反馈。

（6）产生和改进心理表征

我们可以将心理表征理解为直觉、条件反射，即可以不经过思考就做出正确的行动，这个是通过短时间大量的重复训练得到的。比如真正练习发球不是发完一个去捡起来再发，这样效率很低，而是在你旁边准备一大筐球，让你不停地发。通过这种海量的训练，直到发球的动作、姿势、力量等在你脑海里形成直觉，你的肌肉形成本能的肌肉记忆和条件反射。

（7）指导老师的重要性

无论是运动，还是学习，指导老师都是很重要的因素，他会在你学习的过程中起到至关重要的作用，至少在三大方面会对你产生重大影响。

* 拆分目标，化难为易

新手可能不太懂目标怎么拆分，但是通过找到这个领域的专家，他告诉我们怎么拆分，可能比自己拆分会更合理、更科学。

* 制订计划，科学有效

拆分任务之后，先做什么，后做什么，什么时候做这个，什么时候做那个，我们作为新手的时候是不清楚的，但老师肯定知道，所以他会帮你制订更加有效的学习计划。

* 提供反馈，调整改进

训练要有效果，最核心的是获得反馈，再调整改进。如果我们做大量练习的时候，没有老师指导，我们很可能不知道是对还是错。没有反馈的大量练习是没有任何意义的，因为找不到问题点，又怎么能进步呢？指导老师的重要作用是给你提供反馈，帮助你调整改进。

如果条件允许，最好是给自己找指导老师。很多人在生活中有过考托福、雅思、英语四六级或者其他考试的经历，报班学习和自学的差别就是，老师给你制订的学习计划、拆分的知识点会更加合理，可以在短时间内让你获得比较大的进步，更容易通

第五章 | 进化——穿越阶层进化论

过考试。因此如果你能找到牛人对你进行一对一的指导，效果会更好。有的人去健身房会请私教，给孩子进行辅导要请一对一的家教，也是一样的道理。

2. 外贸业务中的刻意练习七步曲

很多做外贸的业务员会问，在外贸行业中怎么创业才能成功？公司原来一直做内销，现在打算开始做外贸了，怎么才能做好呢？这类问题很抽象，不是一两句话或者一篇文章就可以讲清楚的。针对这些问题，我在举办外贸 SOHO 创业训练营的时候，也是采用刻意练习的方式给学员设置课程，把抽象的问题拆分成具体的行动步骤，落实为可以操作、可以随时获得反馈的模式。

（1）科学有效的训练方法

我根据从业 15 年的经验，把外贸 SOHO 创业的核心拆分为：平台搭建、搜索引擎优化、高效客户搜索、邮件营销、外贸工具和海关数据等六大模块；形成一个公司形象展示—曝光引流—精准获客—邮件营销—数据分析的外贸业务的核心闭环；建立了一套科学有效、适合 SOHO 创业和企业开展外贸业务的训练方法。

（2）突破舒适区，挑战自我

有的外贸业务员认为只要大量投资 B2B 平台，等客户发询盘来就可以了，或者认为只要会一些谷歌搜索方法和写开发信就可以了，还有的业务员认为只要老板投资参展才能有订单，自己只需要做好报价、沟通、寄样、跟单、出货就可以了，其他的事情没有那么多精力管。

我们应该要思考，怎样突破舒适区，怎样才能花更少的钱，获得更多的客户呢？

自建网站进行搜索引擎优化，精准搜索客户和邮件营销就是需要学习的内容。比如原来投资 B2B 平台和 P4P 广告每年要花掉 10 万元，现在可以通过自建网站，做搜索引擎优化和谷歌在线付费广告，把投资降到 1 000 元以内。成本降低，反而能够获得更多的精准客户询盘和订单。

邮件人人都会写，标题写得好不好，是影响开发信打开率的重要因素。那么怎样才能写出更好的邮件标题，吸引客户打开邮件呢？原来一封开发信写三个不同的标题，现在就训练一封开发信写 20 个不同的标题，让邮件更有新意。结合调查客户背景资料，再通过邮件精准群发营销，可以获得事半功倍的效果。

（3）拆分任务，化难为易

SOHO 创业对于创业新手来说，最难的是不知道怎么开始，满腔热血却无从下手。我把独立网站搭建、建立公司形象作为任务拆分的第一阶段，任务拆分为：网站安装及美化、栏目和产品分类、添加产品和内容、LOGO 和横幅广告制作、购买域名空间、网站解析上传等 25 个步骤。通过拆分任务，外贸创业者可以感受到，看似非常困难的创业，是可以通过一步步的具体实操逐步接近目标的。这一阶段可以让创业者感受到通过自己的努力能够建立起一个公司，树立初步信心。

（4）良好的目标感

我在设置 SOHO 创业训练营的搜索引擎优化课程时，也是遵循这一原则。让学员学会使用筛选关键词的工具，明白在页面填写关键词标签的目的是什么；什么是落地页，优化好落地页的文案对获得询盘有什么帮助；做网站数据分析有什么作用，可以达到什么目的。比如原来你只会一个关键词优化，现在可以优化 20 个产品关键词，让更多的产品页面可以在谷歌上获得好的排名，从而有利于获得询盘。

（5）适时反馈

很多小伙伴会发现，同样是用谷歌搜索，老手搜索一个公司的关键联系人，几分钟就可以找到，而新手可能搜索几个小时也找不到。因此，我在训练营中设置了 22 种搜索练习情景，学员在实操的过程中会对比自己的操作和老师的操作，会发现他的哪个命令用错了，哪个细节忽略了，才会造成搜索不到客户的问题。在此过程中，如果遇到解决不了的问题，还可以向我反馈，我再给予适时的指导，纠正其错误。经过这种适时反馈的训练，学员搜索客户的水平可以在短时间内获得较大的提升。

（6）产生和改进心理表征

学员在短期内经过大量的客户搜索训练、邮件营销训练、网站优化训练以及数据分析训练，就会产生 SOHO 创业者的典型心理表征，可以目的明确、逻辑清晰、主动高效地去完成每件事情。

（7）指导老师的重要性

我在举办 SOHO 创业训练营和国际市场销售冠军训练营的过程中，充当了指导老师的角色，对学员进行为期 2 年至 3 年的一对一指导，对创业者和业务员的角色进行了不同任务的拆分，因材施教，为学员规划科学有效的训练方案。在学员实践的过程中，我会根据学员学习和练习过程中遇到的问题，适时提出反馈，针对不同的疑难杂症给出合理的调整建议，帮助他们快速突破舒适区。

● 第二节　二级进化，树立创业思维，涅槃重生

一、为什么要树立创业思维

中国的远洋贸易，始于唐朝，繁盛于宋朝，至郑和七下西洋达到顶峰，延绵千年。伴随着开放的国策，海上丝绸之路催生了中国古代繁荣的国际贸易，诞生了泉州、福州、广州、明州（宁波）、南京等繁华的港口城市，一卷《清明上河图》说不尽北宋的繁华，在欧洲还是黑暗的中世纪时，中国已经达到古代文明的顶峰，为世界所仰视。

每当我仰望星空，都不禁感慨：1 000 年前的北宋外贸人，抬头看的也是同样一片天空，在金人的铁蹄之下，繁华落尽；500 年前的郑和及明朝的外贸人，抬头仰望这片天空，感慨开放的时间太短暂，错过了 50 年后的大航海时代，而进入片帆不得入海的黑暗期。

外贸自古以来就没有容易过，古人从事外贸要等候季风才能出行，要直面喜怒无常的大海和海盗；在丝绸之路上，要面对战乱纷争、国家更迭、马贼索命。只有站在时代前端和勇猛果敢的人才能从事这份职业，外贸意味着开放和自由。

进入 21 世纪，我国国运昌盛，"一带一路"倡议胸怀宏大、规划深远、积极开放。它重新串联起上千年的海陆商路和历史记忆，必然会激发全球新一轮的创业创富热潮。

我们这一代中国人，赶上了百年来国运蒸腾日上的大时代，这是一个属于创业者的时代。外贸人传承中华千年来延绵不断的商魂，浪潮滚滚拍岸而来，隆隆之声唤醒沉睡的商魂，激荡着创业的血液。不要辜负这个时代，不断进化成新时代的勇猛果敢的外贸弄潮儿吧！

创业是一个自我修炼的过程，可以让你内心安定，可以让你具备精准的洞察力，可以让你具备远大的胸怀，可以让你具备完成梦想的能力，可以让你"渡劫涅槃"，可以让你完成人生逆袭。创业让你拥有主动选择的权利。

我们每个人都无法选择出身，高考拼尽全力，也只是获得一次被筛选的机会。普通大学生毕业求职，还是一样要面对HR的筛选，没有太多主动选择的权利。在职场混到35岁，又要面临被裁员的危机。

创业是第一次让你主动选择人生方向的机会，能让你体会不一样的人生路径，能让你遇到完全不同的风景和人群，能让你感受站在悬崖前的恐惧，也能让你感受到成功的欢喜。创业的经历会对你的人生发展产生深远的影响，可以让你快速积累知识和掌握全新技能，可以让你提升思维和增长阅历。

二、如何树立创业思维

创业不是单凭一股热血，撸起袖子就去干。

虽然创业是一件有风险的事情，但是只要你明白，即使创业失败，你也不会露宿街头，就没有什么好担心的。当你对创立自己的事业有七成把握，就应该马上行动起来，然后在行动的过程中逐步解决最初遗留的思虑不周的问题。

创业不可能是零风险的，如果想等一切都准备好，设想的完美条件都具备时，才开始行动，机会已经溜走了。因此，我们创业时需要有一套严谨的思维逻辑体系，需要规划和搭建好创业资源，选择好方向，洞察商机，才能规避风险，自由穿越国界，往来于虚拟和现实之间，创造属于自己的财富。

| 第五章 | 进化——穿越阶层进化论

（一）创业者思维——选择赛道

电影《流浪地球》中有一句有名的话："道路千万条，安全第一条。行车不规范，亲人两行泪。"我们在生活中可以看到人行道、自行车道、机动车道以及高速公路，对于外贸职场中的人来说，也会面临选择赛道的问题。

是选择十分安全稳健的人行道和自行车道，还是高速公路呢？选择不同的赛道，你就会用不同的倍速前进，到达目的地的时间也会天差地别。

1.1 倍数思维，混职场

我们从小就会被父母教育，要好好读书，将来毕业后争取进国企、央企、事业单位，再不济，进外企或者大型私企，也很有面子，只要熬的时间足够久，总能混个科长、部门经理、总监等头衔，年年涨薪水，年终有分红。

如果你顺着这个思维发展，那么就会进入1倍速的赛道，开启混职场模式。

你在20多岁初入职场时，拿着四五千元的月薪，拼命工作，企盼升职加薪，遇到老板心情好按时给你发提成，都会感恩戴德。如果遇到极品老板，不但拖欠工资，而且变着法克扣提成，让你投诉都无门。

如果你认为，新人初入职场需要仰人鼻息，等成为骨干就可以扬眉吐气，其实以后还会有复杂的人事斗争和裁员潮在等着你。2018年至2019年4月，各大公司裁员的新闻不绝于耳，美国Verizon裁员4.2万，裁掉的都是在公司工作超过了10年的老员工，国内的华为、美团、知乎、新浪、网易、滴滴、京东都先后爆出大批裁员的新闻，被裁掉的很多都是超过35岁的老员工。为什么被裁的都是中年人呢？因为人随着年龄增大，就会追求稳定，求安逸，患得患失，失去进取心，对时代变化不敏感，不善于吸收新行业知识。在经济不景气的时候，不少公司就会换掉那些拿着比较高的薪水、能力一般、无法为公司不断创造高价值的老员工。

用1倍速思维混职场，获得的收入增速是平缓的，发展的天花板是可以预见的，面对未来快速变化的市场，你的挣扎是徒劳的，因为年龄就是天花板。随着时代和行业的发展，职场老人会因为技能落伍被市场淘汰，一旦中年失业就将面临巨大的危机。

2.10倍速思维，去创业

当你不甘于过一眼望到头的日子，当你希望未来成为公司的股东，当你希望开创自己的事业，活出更精彩的人生，那么就请跳出1倍速的安全赛道，进入10倍速的赛道吧！

进入10倍速的赛道，一切都会更快。你要学会更快速地试错，更快速地成长，更快速地奔跑。

创业是九死一生的事情，如果要死，那么就早死早超生，凤凰涅槃，从头再来。创业者会进化出极强的生存和适应能力，可以快速转换行业，快速组织资源，快速开发新市场、新客户，创造新财富。

当你的思维进入10倍速的赛道，无论你是否在公司上班，你都会用创业者的心态去工作，把目前的公司当作自己的公司，把自己设想为公司老板，应该如何去组织资源，如何调配资金，如何才能用最少的成本创造最多的收益，如何解决公司面临的各种难题。思维转化之后，你将不再会有拿多少钱干多少事的心态，不再会有部门之间的成见和推诿心态，就会思考如何协调各方面的资源，达到为公司创造利润的目的。

以这样的心态工作，即使将来离开公司，也会留下好口碑，你所付出的努力都不会白费，因为这些努力都会为你沉淀下行业的人脉、口碑、客户信誉。

当你独立创立自己事业的时候，无论是全职还是兼职，你都会结交许多创业者，进入一个全新的群体，接触更精彩的世界。在这个新圈子里，你可以向强者学习，挑战新境界，创造新财富。当你回头看，前两年你还拿着四五千元的月薪，运气好的月份可以拿到两三万元的提成。而当你在10倍速的赛道上快速进化，就有可能月入四五万元，你会更拼命地开发新客户，沉淀老客户，获取更多的利润和更大的成就感，向着年入100万元的目标迈进。

职场道路千万条，创业第一条，年轻不创业，中年两行泪！

第五章 | 进化——穿越阶层进化论

（二）创业者眼光——洞察商机

刚刚开始踏入创业赛道的新人，胸怀梦想，意气风发，认为凭自己的能力，什么产品都可以做，什么市场都可以占领，认为自己是个超人。创业和混职场不一样，混职场是做加法，你兼职的越多，收入可能越高，而创业首先要学会做减法，《孟子》说："人有不为也，而后可以有为。"会取舍，选择不做什么，比做什么更重要。

如今，我们生活在现实世界和虚拟网络世界之中，两个世界都有机会。

1. 现实世界实体经济的商机

很多人想创业，不知道该做什么，通常会问下面这些问题。

创业怎么选产品？现在做什么产品利润高，容易赚钱？

现在产品太多了，竞争这么激烈，是不是创业成功的机会变少了？

以后还会不会有高利润的产品出现，怎么发现它们？

我们把时间线拉长，回看 150 年的贸易发展史，观历史而知未来，你会发现，你所追求的高利润产品，从来就没有变少过，它们只是根据市场需求变换了不同的形态。过去 150 年的历史长河中，出现过无数的超高利润的商品，当时的人只要经营这些商品，都可以获得丰厚的利润。

（1）19 世纪 60 年代　棉花

英国是当时全球最大的工业国家，英格兰的新纺织机厂隆隆作响，预示着新经济时代的来临。英国纺织工业依赖一种不可替代的原料——棉花，而美国是棉花的主产区，此时美国正处于内战前夕，一旦内战爆发，就会危及棉花的供应，英国的纺织业就会面临崩溃。英国开始设法到全世界寻找棉花，棉花价格在 1860 年至 1864 年增长了 2 倍多。在 1815 年至 1900 年的 85 年间，英国棉花进口量增长了 19 倍。

那个时代，只要进入和棉花相关的产业，比如纺织业，就可以获取丰厚的利润。1914 年至 1918 年第一次世界大战期间，欧洲布匹需求量激增，吴坤生、荣氏兄弟、王氏兄弟、浦式兄弟等六姓三兄弟数年里在上海接连创办申新等九家纺织厂，成为上海纺织大王。

（2）20世纪初期　橡胶

20世纪初期，工业进入大发展的时代，轿车、卡车、坦克、飞机被大量制造，它们都需要橡胶轮胎才能正常工作，而美国、德国、俄罗斯、英国、法国、日本这些工业强国无法种植橡胶树。这个时代，橡胶原料就成为最热的抢手货。陈嘉庚31岁时，靠2 000元起家，购买橡胶种子，播种在自己家的菠萝园中，不断拓展种植，十年时间就拥有了1.5万英亩（1英亩约等于4048平方米）橡胶园。抗日战争时期，每年陈嘉庚公司靠橡胶出口赢利170多万美元，并把"谦益"品牌的橡胶产品直销到美国，用赚到的钱购买了很多紧缺的抗战物资，为中国抗战募资超过30亿元。陈嘉庚晚年将个人财富全部投入中国教育事业，兴办了厦门大学。

（3）21世纪初期　通信设备

自日本在2001年开通WCDMA（宽带码分多址，第三代无线通信技术）服务之后，欧洲的英国、德国、瑞典、奥地利先后开通3G网络，全球移动用户突破2亿。全球互联网和3G网络迎来了大发展的时代。3G通信设备和配套产业的产品成为热销货，华为在2001年获得了俄罗斯国家电信部门上千万美元的GSM（全国移动通信系统）设备订单。我在2005年创业，正好赶上了这一波3G通信大发展的时代，创业第一年就靠卖电子礼品和通信配件赚到人生第一个100万元，第二年拿下一个英国电信工程公司的订单，从此成为英国多个数据中心的配套设备供应商，并且成为德国一家百年企业的长期合作伙伴。

（4）2007年至2008年　苹果手机周边

自2007年乔布斯发布了第一代苹果手机，出现了万人排队疯抢一个苹果手机的现象，预示着一个全新的时代就要来临。由此，围绕苹果手机派生出的一系列产品都是高利润商品。以苹果手机壳为例，如果这两年做外贸的SOHO抓住苹果手机壳这个单品，一年的纯利润轻轻松松可以超过100万元人民币。苹果手机充电线、苹果手机充电宝等周边产品，都是供不应求的畅销货。

（5）2009年至2013年　LED产品

自2000年以来，欧盟宣布实施"彩虹计划"、美国实施"国家半导体照明研究计划"、中国实施国家半导体照明工程，到2009年至2010年期间，LED产品进入爆发时期，国际上对LED照明产品的需求迎来爆发期，无数的公路照明项目、隧道照明项目、建筑照明项目、工装和家装项目、城市景观美化项目在全球各地纷纷上马，订单如雪片一般。只要可以弄到LED的货源，即便是2~3个人的小贸易公司，也能创造300万元以上的纯利润，如果是做LED的工厂，即便是只有1~2条生产线的小工厂，一年也可以赚取2 000万至3 000万元的利润。

（6）2014年至2015年　平衡车

2001年，Segway（赛格威）实现了平衡车的商业化量产。平衡车最初用于政府护卫工作，并于2008年北京奥运会成为警卫巡逻的工具，因外形酷炫拉风吸引了人们的关注，之后不断迭代发展出独轮、双轮、滑板、独轮滑板等各种形式，但都没有引起社会的广泛关注，局限于小众的玩家圈子之内。随着美国喜剧《百货战警2》在美国上映，主角布拉特大耍平衡车的情节，让平衡车获得了大量的关注，此后YouTube视频网站上出现各个明星玩双轮小型平衡车的视频，平衡车的市场需求逐渐被点燃，成为2014年最好的圣诞礼物。这个时期收到的平衡车询盘的特点就是：急单、要现货、付全款、马上空运发货。

如果在2014年有幸接触平衡车这个品类，只需要一年时间，就可以赚到100万至200万元的利润，客户几乎都是全款拿货。2015年下半年，中国的平衡车产能不能满足市场需求，全球陷入缺货状态，只要手里有货，客户就敢全额付款预定。直至2015年圣诞节后，由于平衡车电池爆炸事件和专利事件，亚马逊全面下架平衡车，这个热潮才退去。

（7）2016年至2017年　指尖陀螺

2016年两个17岁的少年——Allan Maman（艾伦·马曼）和Cooper Weiss（库珀·韦斯）用3D打印机做出第一个指尖陀螺Fidget360，并通过Instagram、

YouTube、Facebook 等社交媒体推广。由于没有申请专利，仿品迅速在美国铺天盖地，占领每一个玩具销售通道。观察到 YouTube 和 Instagram 上大量冒出来的美国小孩分享的视频，嗅觉敏锐的中国五金厂、手机配件厂、注塑厂开始大量生产指尖陀螺，广东、浙江、江苏的指尖陀螺卖家都赚了一大笔。在这一时期，能抓住指尖陀螺这个单品的 SOHO 创业者，也可以很快积累百万财富。指尖陀螺的销售额在 2017 年 5 月达到顶峰，而后回落清盘。

在现实世界中，不论是 150 年前，还是一两年前，从来都不缺创业致富的机会。我们可以从新工具的发明、新产业的出现中发现商机，我们可以从国家政策中解读商机，我们可以从社交网络中窥探商机。随着社会分工越来越细致，每个细分行业都会有独特的商机。现在世界各国间的联系越来越紧密，信息、物资、人员都可以非常便利地穿越国界、自由往来。创业者需要学习从纷繁的信息中提取有价值的情报，调配好各种物资，找到合适的人员合作，就能串联出一条价值链，把信息转换成财富。

2. 网络世界虚拟经济的商机

2 500 年前，老子在《道德经》中说："道可道，非常道；名可名，非常名。无名，天地之始；有名，万物之母。"这句话很适合用来解读网络虚拟世界。

"道可道，非常道；名可名，非常名。"我解读为：在真实世界之外，还存在一个更加广阔的虚拟世界，宏大如宇宙，可以包罗万象。我们进入这个世界之后将变身为 ID、代号、虚拟形象。

"无名，天地之始；有名，万物之母。"我解读为：在这个虚拟世界，任何人刚进来都没有名号，和这个世界没有产生联系，如同漂浮在虚空之中。当你有了 ID 和名号，你就可以通过虚拟世界的信息枢纽，以光速和这个世界当中的人、事、物产生关联，逐步形成一个巨大的关系和信息网络，因关系产生信息，因信息创造财富。和现实的世界相比，网络虚拟世界是一个更大的世界，在这个世界中，你可以突破现实世界的时间、空间、身份的各种物理限制，去创造一个属于你的全新天地。

电影《黑客帝国》《阿凡达》《头号玩家》已经给我们展现出虚拟世界的一面。这

第五章 | 进化——穿越阶层进化论

不是科幻电影中才会有的世界，我们现在也已经置身其中，可以在现实世界和虚拟世界中切换。你在虚拟世界中的角色，同样能给现实世界中的你创造财富。

以 Instagram 这个陌生人社交 APP 为例，目前它的用户超过 3 亿人，任何人都可以在上面分享自己的照片，比如时尚服装穿搭、旅行、新奇产品、绘画作品、个人生活场景、摄影作品等。ID 账号经过有主题的规划来发布内容，可以吸引特定的粉丝群体，逐步形成个人的 IP，粉丝超过 3 万就可以进行商业化运作，给你的店铺和网站引导流量，从而提高产品的销量，实现通过虚拟世界的"名"带来现实世界的"利"。这是创业者以零成本创业的渠道之一。

在中国能和 Instagram 媲美的是抖音和小红书。中国目前是世界上移动互联网应用发展最快、最成熟的地区之一。中国的 3 亿中产阶级的实物消费已经进入了一个瓶颈期，而精神方面的产品需求却进入了一个爆发期，比如求知需求、情感需求、职场技能需求、美妆需求、服装穿搭需求、收纳整理需求、投资理财需求等，而且大众已经普遍接受知识分享和知识付费的理念。

从事外贸工作的人可以比国内的普通职场人更容易获得外部世界的新信息，由于外贸工作的特殊性，出国拜访客户也是常态，从而有了对不同国家的见闻，了解了各国风土人情，眼界更为开阔。因为经常参展，也可以第一时间了解国外的最新发明和产品。

外贸人不应把自己限制在现实世界的贸易活动当中，也可以逆向思维，把自己的思想接入虚拟世界，把外贸工作和生活中的见识、旅途经历、工作经验、国外风土人情、人生感悟等转换成视频、音频、文字，上传到虚拟世界，分享给国内的人，打造一个有特色的 IP 代号。

如果你在虚拟世界中分享的信息可以给别人带来价值回报，就会有消费者愿意付费，实现虚拟世界中的"出口转内销"。你在虚拟世界中的 ID 通过各种信息枢纽，瞬间即可将你的虚拟产品传递到消费者眼前，快速实现虚拟物品转化到现实世界的精神消费之中，并给你带来现实收益。

我在虚拟世界中的代号是老 A，在网络虚拟世界中和超过 130 万人产生了关联，

10 多年来通过不断分享外贸实战经验和帮助粉丝们解决业务过程中的各种疑难杂症，获得了外贸从业人员的认可，一个中性的 ID 代号就被赋予了生命和存在意义。

我从 2009 年就开始在 QQ 群里通过图文聊天方式分享外贸经验，2014 年李克强总理在达沃斯论坛演讲后，"大众创业、万众创新"成为中国的国家战略。"互联网 +"成为一种全新的创业模式。借着政策的东风，我尝试在虚拟世界进行商业化实践，创立了侠商学院，以"侠行万里，商通天下"为宗旨，通过互联网 + 视频授课的模式，将枯燥的外贸业务工作分解成数百个标准化操作，达到让外贸新手可以快速成长为成熟业务员的目的。

成立 5 年来，通过"互联网 + 教育"模式，SOHO 创业训练营和国际市场销售冠军训练营突破了时间和空间限制，学员遍布全国十多个省份，总数超过 5 万，渗透数十个行业。学员在虚拟世界的训练营中经历成长，开拓新的视野，在现实世界的贸易中收获订单和提升收入，为公司创造利润，为自己创立事业。5 年的虚拟世界创业实践，也使我在现实世界中每年创造近千万元的收益。

每一名侠商学员都有觉醒的商魂，继承千年中华商脉，他们将秉持"一带一路"倡议的精神，为推动中国产品和中国创造走向世界努力，书写比古人更精彩的商路故事和人生篇章，进而实现"侠行万里，商通天下"的初衷。

（三）创业者资本——百万信用资产计划

创业者怎么积累创业的资本呢？我和大家分享图 5-11 所示的百万信用资产计划。

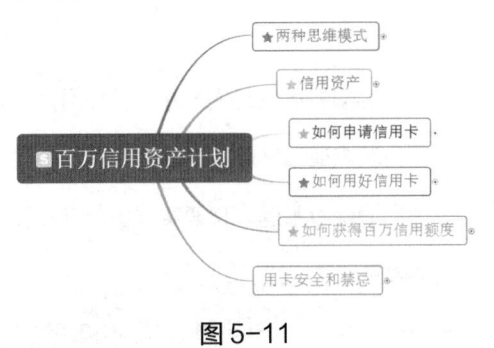

图 5-11

第五章 进化——穿越阶层进化论

1. 两种思维模式

两种思维模式如图 5-12 所示。

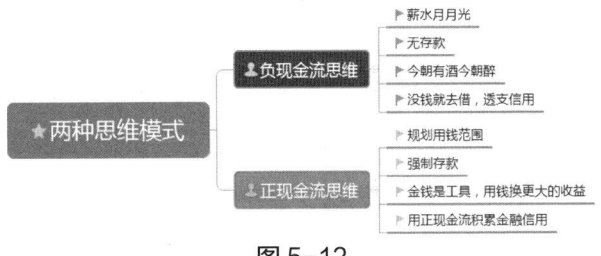

图 5-12

（1）负现金流思维

社交电商时代，网红大 V 都在鼓吹"及时行乐""今朝有酒今朝醉""好看的女孩自带烧钱属性""买 LV 包，包治百病"，用充满了诱惑力的口号和"毒鸡汤"来对受众进行洗脑。对于习惯超前消费、欲望失控的"90 后"来说，月薪 5 000 元又如何？不妨碍买抵得上半个月工资的护肤品套装，也不妨碍攒钱或借钱买 LV；工资 6 000 元，周末逛个商场就能花 3 000 元；月入过万，过个"双 11"就花掉了 2 万元。如果被这些"毒鸡汤"洗脑，那么你的思想就会被带入负现金流思维，无论收入多少，都会月月光，一年忙到头仍然存不下钱，甚至负债累累。

（2）正现金流思维

很多外贸人想创业，但迟迟不敢跨出这一步，理由往往是"没有钱""等过 X 年我存够 XX 万，才能创业""创业了就没有稳定收入，没钱生活了"，因为这样或那样的理由，在公司干了 5~10 年依然是"老业务员"。很多"老业务员"看着和自己同龄的人已经创业几年，收入已经是自己的十几倍甚至几十倍时，都会莫名伤感，后悔为什么当初不早点出来创业。创业从来都不能只凭一腔热血，而是要经过规划。

经过前面章节的学习，你已经成为一名成熟的外贸业务员，成为公司的业务骨干，在公司工作的 1~2 年内，可以获得薪水和提成收入。在公司工作的阶段，特别需要树立正现金流思维，把收入划分为生活开支、学习资金、备用金三个模块。

如果你月收入是 5 000 元，每月除去生活开支外，给自己存留至少 500 元的学习资金，用于购买书籍和专业课程，这样一年就可以投资 6 000 元在自我提升上。通过 2 年的不间断学习，你的思维和能力会获得本质上的飞跃。

办一张储蓄卡（建议使用招商银行、民生银行、平安银行、建设银行、工商银行的卡），每月强制存入 1 000 元作为备用金（可视收入情况增减），这样每年就可以存 1.2 万元备用金，两年至少可以存 2 万元的备用金作为创业启动资金。

通过这样的资金规划，你就可以逐步产生正向现金流，你的储蓄行为会在银行系统中建立可靠的信用额度，开启打造百万信用之路的第一步。

2. 信用资产

（1）正确认识信用资产

通常我们都会高估自己在朋友圈子内的信用额度，实际上我们能从身边的朋友手中借到钱的额度，就是我们在朋友中的信用额度。额度的高低取决于平时我们在朋友眼中的资产印象和按时还款的信誉度。古话说："有借有还，再借不难。"如果我们在朋友眼中的印象不佳，那么大概是借不到钱或者借不到足够的钱的。

年轻人来到一个陌生的城市打拼，一开始都是举目无亲，朋友不会太多，在创业时都会遇到资金周转的问题。在大多数城市中，通常会有 10~20 家商业银行，如果把每家银行看成一个朋友，你在一个城市中就会有 20 个很可能愿意借钱给你的朋友。

在大数据技术日渐成熟的时代，在银行系统中建立优良的个人信用就变得非常重要，你的信用度高，银行就敢于借钱给你使用。

商业银行和企业一样，都会供应各种产品，银行提供的是金融产品。在银行的各种金融产品中，有一种产品叫作"信用卡"。信用卡是商业银行对信用合格的消费者发行的信用证明，持卡人可以用非现金交易的方式，在特约单位进行先消费后付款，是简单的信贷服务。

（2）如何建立信用资产

参加工作的新人在工作 6 个月后，都会在银行内产生资金流水记录，公司交的社保也会在银行大数据系统中体现出来。这些记录就代表你已经开始和银行这个朋友开

第五章 | 进化——穿越阶层进化论

展联系了，你存了多少钱，花了多少钱，它都会给你做用户画像、信用评分，以便当你需要它时，它可以及时出来帮助你。

《倚天屠龙记》中的江湖有各大门派，张无忌认识的第一个朋友是小昭，她和张无忌一起历经劫难，登上光明顶，帮助张无忌练成"乾坤大挪移"，化解明教和六大门派之间的误会和恩怨，使得张无忌最后成为群雄领袖。

我们生活中有很多家商业银行，我们先和哪一家交朋友呢？

招商银行的信用卡在国内的发卡量达到前三，是中国信用卡市场的先行者和标准制定者，风控系统严谨，服务专业，提升额度有规律。

我人生的第一张信用卡就是招商银行信用卡，它就像小昭一样伴随和支持着我，一起走过创业的风风雨雨，不离不弃。招商银行信用卡也是很多人的第一张信用卡。

有"小昭"的陪伴，你和它之间也会发生精彩的故事。

3. 如何申请信用卡

信用卡申请思维导图如图 5-13 所示。

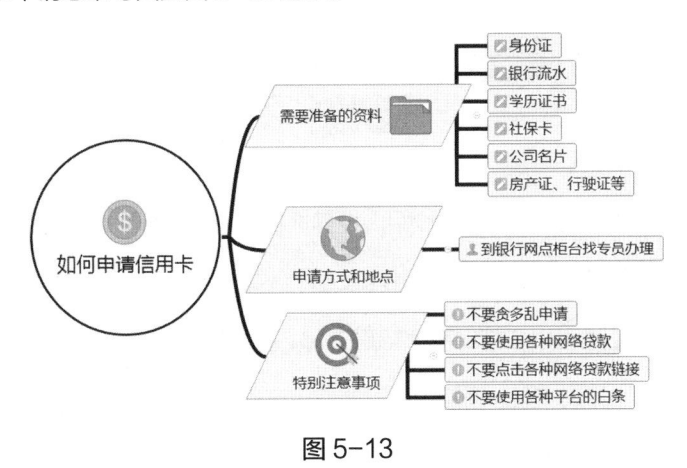

图 5-13

以申请招商银行信用卡为例，需要带上身份证、招商银行流水、学历证书、社保卡、名片等可以证明你身份、收入和工作的资料，到招商银行网点柜台找专员办理。

为了你的信息安全和提高申请成功率，切记不要在网上申请，不要通过中介申请,不要乱点各种 APP 申请,不要通过各种公众号申请。

正常工作半年到一年的公司职员,都可以申请 1 万元初始额度的金卡(免年费)。如果单位和个人资质优良,可以申请到更高额度的信用卡。

其他银行信用卡的申请方法大同小异。需要注意的事情是,我们千万不能胡乱申请信用卡,信用卡不是越多越好,有的人恨不得一个月申请完所有银行的信用卡,这是很愚蠢的行为。参加工作半年到一年的人,申请 1~2 张信用卡就足够了。

生活中的消费尽量不要用"X 花呗""X 白条""X 借呗""X 贷"等各种网络平台提供的小额消费贷款。千万不要因好奇而点击这类网络平台的按钮和链接去查看你的额度,好奇害死猫!因为这种行为会上征信系统报告,如果你的征信报告中出现大量这类网络借贷信息,在银行系统中你就被定义为资质很差的对象。

4. 如何用好信用卡

信用卡使用思维导图如图 5-14 所示。

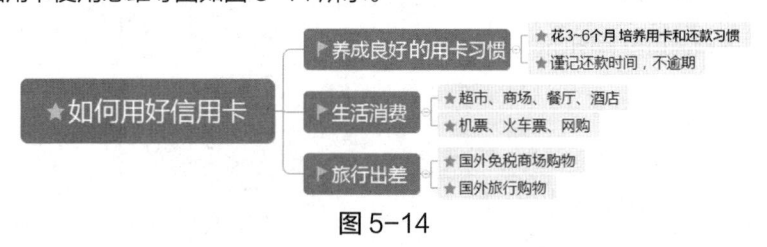

图 5-14

我们获得首张信用卡后的前六个月,要养成良好的用卡习惯。在生活消费场景中,能用信用卡支付的情况,尽量要用信用卡支付;不能直接刷卡支付的时候,可以用支付宝绑定信用卡,也可以在特约商家扫码支付。在生活中,逛超市、逛商场、吃饭、住酒店、订机票、订火车票、网购等尽可能使用信用卡支付。

每月使用信用卡消费后,一定要记得及时还款,不要逾期。建议在还款日的前五天还款。比如账单日是每月 15 号,还款日期是下个月 5 号,那么在出账单当月 30 号还清信用卡就不会逾期。还款的时候最好多还 1~2 块钱,确保万无一失。招商银行信用卡通常是 3~6 个月提额一次,养成良好的信用卡使用习惯,有助于我们提升信用额度。

第五章 | 进化——穿越阶层进化论

外贸人每年都有在国内外参展、出差的机会，比如参加广交会、香港电子展，参展完毕后有 1 天的自由活动时间，这时可以到香港或者澳门为自己或亲朋好友购买一些化妆品、护肤品、香水、电子产品、高档烟酒、奶粉等。在香港或者澳门特别行政区使用信用卡消费，对提升信用额度很有帮助。

如果是到美国或者西欧国家参展或出差，这些国家法律比较完善，使用信用卡消费购物也比较安全，利用展会或者出差期间的自由时间，为国内的亲朋好友购买当地的特产、免税的时尚包包、服装、护肤品、电子产品，既可以增进友谊，又有助于提升信用额度。

参加工作一年，养成良好的用卡和还款习惯后，借助外贸工作、出差、消费的特点，通常可以提升 3 万 ~5 万元的额度。

5. 如何获得百万信用额度

拥有一张 3 万 ~5 万元额度的招商银行信用卡并形成良好的用卡习惯后，我们就可以开始为自身打造百万额度信用计划。我们能不能向朋友借到钱，口碑信用很重要，如果有一个德高望重的人为你背书，敢于借钱给你，其他朋友也会敢于借钱给你。有借有还，就能形成良性循环。因此从第二年开始，我们可以申请其他银行的信用卡，其他银行审批信用卡都会参考招商银行信用卡的额度，一般其他银行信用卡的额度都不会低于招商银行信用卡的额度。

信用卡申请的顺序很重要，不能乱来。图 5-15 所示的思维导图，可以为我们规划清晰的申请顺序。

图 5-15

下面以深圳为例说明申请顺序。

第一阶段：申请招商银行、广发银行、花旗银行、农业银行、汇丰银行的信用卡。这些银行不喜欢持卡人拥有太多张信用卡，因此要优先申请下来。

第二阶段：申请国有银行的信用卡，如中国银行、工商银行、建设银行、邮政储蓄银行的信用卡。

第三阶段：申请其他商业银行的信用卡，如中信银行、民生银行、平安银行、浦发银行、兴业银行等的信用卡。

第四阶段：申请地方性银行的信用卡，如广州银行、深圳农商银行、包商银行、浙商银行等的信用卡。

每个月申请1~2个银行的信用卡即可，不要贪多乱申请，因为申请的过程中有的银行会拒绝你的申请，被拒后只有等三个月才能申请同一家银行的信用卡。

经过12个月，通常可以申请到10~15张信用卡，各个银行信用卡的额度是1万~5万元不等。我们可以在第三年通过良好的用卡习惯，来获得满意的额度。

通过1~2年的良好用卡习惯，我们可以实现如下2种情况。

情况1：拥有10张3万元额度的信用卡。

情况2：拥有10张5万元额度的信用卡。

这样，我们就可以获得30万元至50万元的信用资产总固定额度。临时额度通常是固定额度的1~2倍，比如招商银行的固定额度是5万元，临时额度就是10万元左右。

在信用卡的背后还有对应的金融产品，额度是信用卡额度的6倍。

比较知名的有如下几种：

招商信用卡——备用金最高额度30万元；

浦发信用卡——万用金最高额度30万元；

广发信用卡——财智金最高额度30万元；

交通信用卡——好享贷最高额度30万元；

兴业信用卡——兴灵贷最高额度20万元；

中信信用卡——新快线+圆梦金最高额度50万元；

光大信用卡——乐惠金最高额度30万元；

| 第五章 | 进化——穿越阶层进化论

平安信用卡——灵用金最高额度 30 万元。

如图 5-16 所示，通过八家银行，我们最高可以获得 260 万的信用授信，加上信用卡固定额度，我们就可以在三年内为自己打造 200 万至 300 万元额度的信用资产。这样我们创业的时候就会拥有可以调配的资金，从而打破"想创业，没有钱，总是在等待"的固化思维。

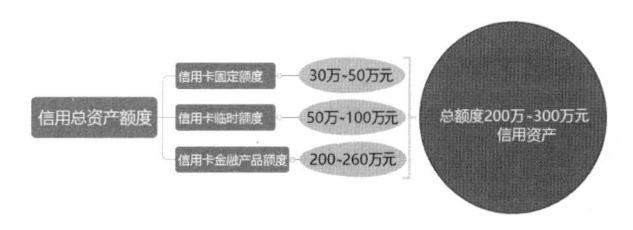

图 5-16

我们可以优先使用没有利息的信用卡额度，用来支付供应商的部分货款。根据外贸订单金额大小，做好资金规划，合理使用信用资产，可以让外贸创业事半功倍。

获得百万信用额度完整思维导图如图 5-17 所示。

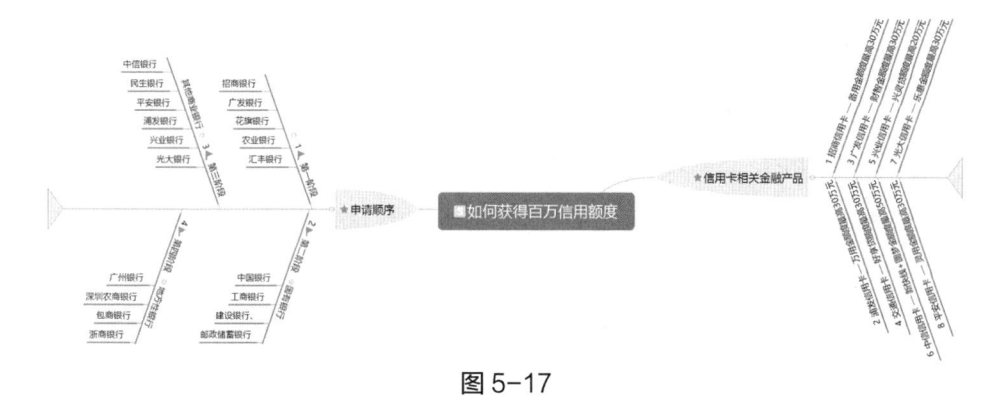

图 5-17

6. 用卡安全和禁忌

（1）信用卡管理工具

如何避免信用卡多的时候错过还款时间而产生逾期的情况呢？我们可以用 51 信用卡管家这个 APP 来统一管理信用卡。在 51 信用卡管家里可以导入各家银行信用卡的账单，看到还款日，APP 还能及时提醒我们还款，以免因逾期产生不良记录。

（2）防盗刷技巧

* 我们在输入信用卡密码时要遮挡，防止密码被偷窥。

* 不要随意丢弃交易回单，要剪碎或销毁。

* 外出游玩时不要遗落信用卡等私人物品，出门办事时重要证件不要放在一起，身份证和信用卡要分开放。

* 到东南亚、东欧、非洲、南美等地旅行时尽量避免使用信用卡。

* 信用卡遗失或被盗后马上致电银行挂失。

* 不要点击陌生链接，注意查看网址是否为官网网址，避免被钓鱼。

（3）用卡禁忌

* 避免通过中介办理信用卡。

中介鱼龙混杂，不良中介会拿你的资料办理信用卡后进行各种操作，让你产生负债和不良信用记录。

* 避免在同一台POS机持续刷卡。

这种行为会被银行认为有套现嫌疑，轻者降额度，重者封卡。

* 不要一次刷完可用额度。

拿到信用卡后，正常人都不会一次刷掉可用额度。比如信用卡额度是1万元，正常的消费者都不会一次刷完，因此一次刷完可用额度是非正常行为，容易导致封卡。

* 不要在非营业时间刷卡。

正常的商户、门店、商场都有规定的营业时间。如果你的信用卡在商户的非正常营业时间刷卡，比如商场内商户营业时间一般是9点至21点，而你的信用卡却在凌晨在商场的某商户内产生刷卡消费记录，那么这种消费行为会被银行风控系统认为有风险，很可能会被封卡。

* 不要在POS机上恶意套现。

用POS机恶意套现并逾期不还款，是非法行为，除了被银行封卡之外，还要承担刑事责任。

* 避免多笔整数刷卡。

正常消费购物都会有零头，如果你的信用卡消费金额都是整数，那么银行也会认为这些是非正常购物行为，要重点监控，会降额度或者封卡。

* 短期内单卡多终端刷卡。

正常人一天的消费都会有合理的活动范围，假如你的信用卡在 1 小时内在 3~5 个不同的 POS 终端刷卡消费，而且这些商户又相隔甚远，甚至在不同的城市，那么这种消费行为也是非正常的，也会被重点监控。

我们要珍惜每一张信用卡，信用是会让我们受益一生的资产，维护信用就是维护我们的信用资产。信用卡将伴随我们一生，养成良好的用卡习惯，注意用卡安全，随着时间的推移，我们的信用资产将不断增值。这是创业者一生宝贵的财富。

（四）创业者行动——SOHO 空手道商业模型

很多人对于创业，首先想到的是需要资金，例如最少启动资金 20 万元，必须要有门店，必须要有自己的工厂，等等。这些条件如果有是最好的，但是它们不是决定性因素。

创业者创业时首先需要做的是画出一个适合自己的最简商业模型，从中梳理出自己可以调配的资源，需要做什么准备，客户从哪里来，怎样获取利润等。

图 5-18 是一个 SOHO 创业商业模型画布。我们在其中填写相关信息，就可以画出一个适合自己的商业模型。

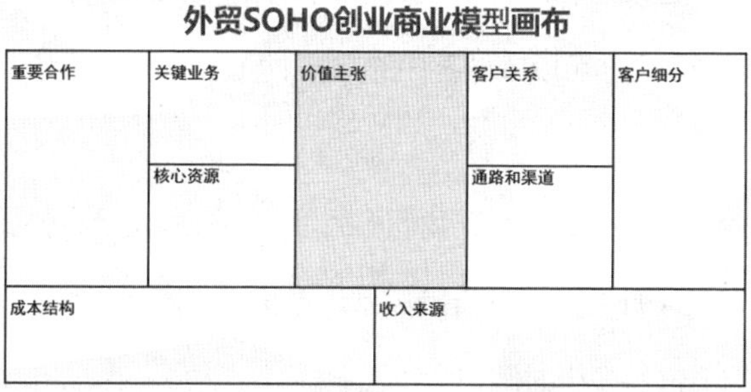

外贸SOHO创业商业模型画布

重要合作	关键业务	价值主张	客户关系	客户细分
	核心资源		通路和渠道	
成本结构		收入来源		

图 5-18

我们把商业模型的关键词用图 5-19 所示的思维导图展开，明确每一个关键词的意义。

图 5-19

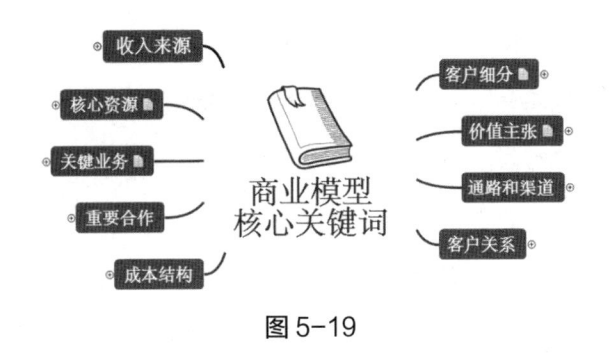

1. 客户细分

我们需要明确谁是我们的客户，我们为谁创造价值。

外贸业务员做了 2~3 年之后，对行业是否有发展前景，对产品是否有利润，有着最直观的感受；对客户是品牌商、分销商，还是零售商，哪种客户下单量大，都会有清晰的认识。通过职场惯性推动，由原来的行业和产品起家创业，是可以快速把握细分行业客户的方式。

2. 价值主张

我们给客户传递什么价值？我们给客户解决什么问题？

我们除了卖货之外，还会向客户传递我们的价值观，只有秉持正确的价值观，才能和客户长久合作。

3. 通路和渠道

我们通过哪些渠道接触客户？哪些渠道最有效？哪些渠道成本低、收益高？如何整合渠道？列出 5~10 个你可以接触客户的方式。

4. 客户关系

我们和客户保持的是什么关系？我们已经建立的关系是什么性质？这类关系的维护成本怎样？我们基于什么和客户维持关系，是价格、产品品质、服务，还是友谊？维护好客户关系需要消耗多少时间和金钱？

5. 收入来源

客户愿意为什么价值付费？客户如何支付费用？

客户是因为产品品质、价格付费，还是因为服务付费？付款方式有什么风险？比如可以通过小语种国家信息差获利。葡语系、法语系、越南语、西班牙语系、阿拉伯语系的国家，因为 B2B 网络没有覆盖到，存在比较大的获利空间。

6. 核心资源

我们的价值主张需要什么核心资源才能展现？我们的通路和渠道需要传送什么核心资源给客户？我们的核心竞争力是什么？

7. 关键业务

我们主要经营什么产品？我们主要提供什么服务？

8. 重要合作

我们的重要供应商是谁？我们的重要合作伙伴是谁？重要合作伙伴的关键业务是什么？

9. 成本结构

哪些关键业务花费最多？哪些核心资源花费最多？固定开支、成本是多少？

外贸创业是职场中成本最低的创业方式之一，只需要 1 个人、1 台电脑、1 个房间、1 个网站，项目启动原始资金千元以内，即可上马。

以 LED 产品的 SOHO 为例，填写以上信息到商业模型中，我们可以得出图 5-20 所示的 SOHO 创业商业模型画布。

外贸SOHO创业商业模型画布

重要合作	关键业务	价值主张	客户关系	客户细分
通信设备工厂 电子礼品工厂 LED汽车越野灯厂 各个工厂老板和业务员	销售通信设备、电子礼品、汽车LED灯	通过专业的服务，整合工厂货源，给客户提供高性价比产品	Email、Skype WhatsApp	国外中小贸易商 国外批发商 国外品牌商 国外工程商
	核心资源 专业外贸技能 熟悉国际市场需求 热爱外贸工作 熟悉行业和产品		通路和渠道 网站、Email、PDF产品目录、SNS、谷歌	

成本结构	收入来源
房租、时间、精力、压力、客户流失	利用信息差，赚取工厂和客户之间的差价 利用价值差，赚取利润

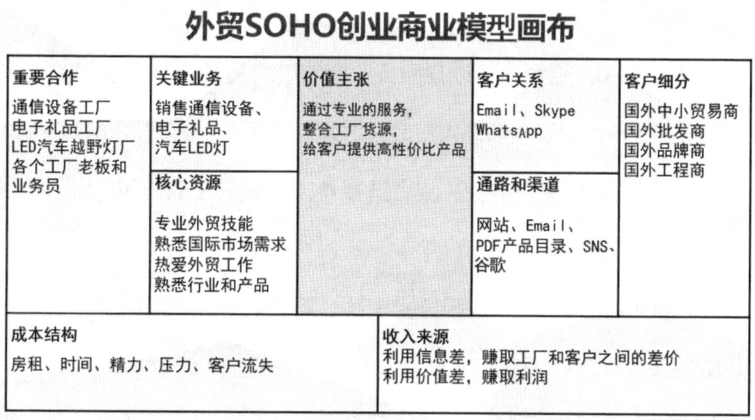

图 5-20

图 5-21 列出了正式创业前需要做的准备。

图 5-21

（1）技术准备：建立企业网站，打造专业的公司形象。优化网站，通过优化网站在谷歌上的关键词排名，获取精准询盘。技术准备可以通过外包服务解决，也可以通过自学解决。比如 SOHO 创业训练营就帮助了很多 SOHO 创业者和刚起步的外贸公司解决了这个问题。

（2）资金准备：1 万元现金，用于保障基本生活。信用卡额度 100 万元左右，用于资金周转和支付产品供应商货款的尾款。

（3）工具准备：工作场所可以租房、租写字楼、租办公卡位或者在家办公，配备电脑、手机、宽带。

（4）资源准备：工厂资源，可以在原行业合作过的关系户中筛选，熟人好打交道，还可以通过 1688.com 搜索及筛选供应商，并实地考察。

货代资源，可以通过朋友推荐，或者选择本市排名前三的公司。以价格优惠、服务专业、态度良好为选择标准。

外贸代理公司，选择拥有 4A 级国家资质、可代收货款、可代理出口货物、可办理出口退税的公司。

（5）获客渠道：谷歌、Facebook、领英、Instagram、开发信、展会等。

（6）收款渠道：首选注册贸易公司并申请进出口权，获得美元账户，从长期看这是合法合规、适合长远发展的方式。

其次选择通过外贸代理公司收款。这是过渡性的方式，由于某些国家和地区的货款不方便收取，资质好的外贸代理公司会有更多收款渠道。

再次选择离岸公司。目前离岸公司优势不再，每年维护成本也不低，随着 CRS（共同申报准则）的实施，境外避税将无所遁形。

最后选择通过 Paypal、Payneer、Xtrasfer 这类互联网渠道收款。这几种是最不推荐的方式，比如 Paypal，客户付款后还可以随时撤回，容易导致钱货两空，而且提现手续费很高，交易成本高。很多国外客户还会投诉货物问题，导致供应商 Paypal 账号冻结，风险比较大。

做好了准备之后，外贸创业之路就可以开始了。

下面我们以一个订单的处理过程来展示 SOHO 创业的空手道商业模型的运作。

大强子经过半年的客户开发和详细的技术细节沟通后，和客户谈妥价格，客户信誉可靠，最终下单了，订单金额为 50 万元人民币。

交易条件如下。

客户订单金额：50 万元

客户付款方式：预付 30% 定金，见提单支付尾款

工厂付款方式：预付 30% 定金，付尾款发货

生产周期：20~30 天

采购成本：30 万元

客户定金：15 万元

给工厂预付定金：9 万元

给工厂尾款：21 万元

客户尾款 70%：35 万元

手中有客户定金余额：6 万元

需要调用的资金：21 万元 −6 万元 =15 万元

| 思维对了，订单就来 | 颠覆外贸底层逻辑

出货后，发提单给客户催收尾款 35 万元。

毛利计算：35 万元 -15 万元 =20 万元。

把以上文字转换成思维导图，如图 5-22 所示，就可以看到 SOHO 空手道商业模型如何运作。

创业初期，如果把订单金额控制在 20 万元以内，风险会更小一些，需要调配的周转资金就会更少，承担的压力也会小一些。对于遇到实际生产周期延长的情况，不能及时全额还款的时候，可以使用信用卡的账单分期功能，分期还款。虽然这样会产生利息，但在收益足够的情况下，按时还款并支付利息是一种良好的商业行为，可以维护自己的金融信用，不会产生不良记录。

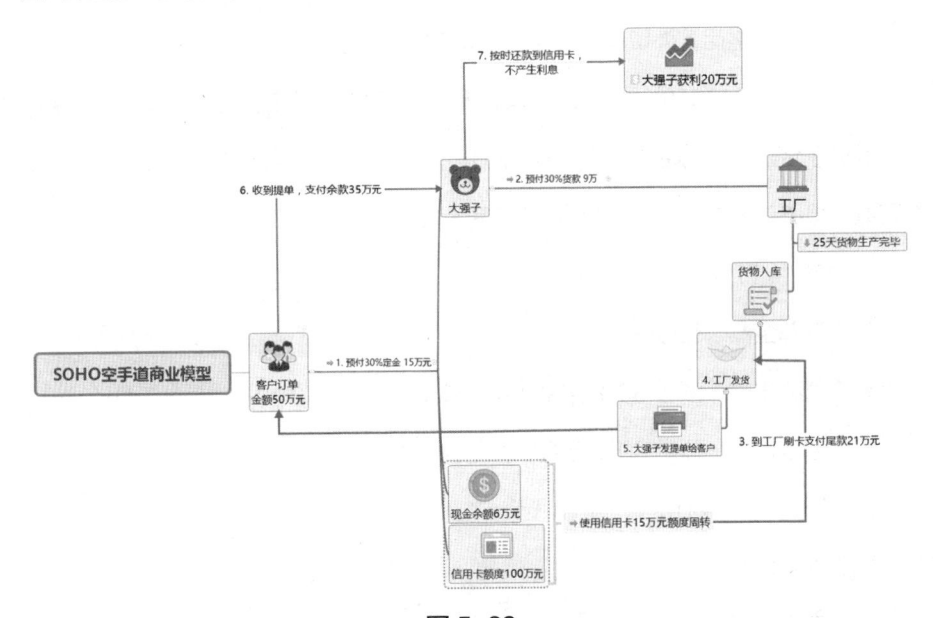

图 5-22

创业初期以求稳、求生存为首，等有若干稳定的客户后再图发展，储备足够的现金，循序渐进地扩大生意规模。

二维码 5-1　创业者复盘——创业商业模型实战复盘操作演示视频

| 第五章 | 进化——穿越阶层进化论

● 第三节 三级进化，财富传承思维，沉淀有形资产

一、为什么要树立财富思维

《孟子·滕文公上》上记载："民之为道也，有恒产者有恒心，无恒产者无恒心。"

《史记·货殖列传》上记载："夫千乘之王，万家之侯，百室之君，尚犹患贫，而况匹夫编户之民乎！"

"夫用贫求富，农不如工，工不如商。"

"获其赢利，以末致财，用本守之。"

2 000年前，古人对创业致富、创业守业已经有了经典的论述。

当代创业者大学毕业时一般22~23岁，经过2年职场锻炼和3年的创业历练，会进入三十而立的人生新阶段，自然会面临婚姻、置业、孩子教育和发展的一系列重大选择问题。"有恒产者有恒心"是先贤们的智慧结晶，我们只有在一个城市有了属于自己的资产，内心才会愿意在一个城市长期工作和发展，家庭才能在城市扎根。

我们外贸人创业，通过给国外客户提供优质的产品和服务赚取外汇，实践的正是"获其赢利，以末致财"的古训。外贸创业是一件很辛苦的事，会有几个月一无所获的焦虑，会有长期熬夜和国外客户沟通的辛劳，会有出国出差人身安全的风险，会有钱货两空的忧愁，会有社交障碍的烦恼。

历经辛苦，获得了丰厚的收益后，如何守住财富，如何"用本守之"，是每一个外贸人需要认真思考的问题。

二、如何树立财富思维

2008年，北京奥运会开幕式用巨型卷轴展示了《清明上河图》，从中我们可以看到北宋京城汴京的繁华景象。《东京梦华录》中描述汴京："八荒争凑，万国咸通。集四海之珍奇，皆归市易。"辛弃疾在《青玉案·元夕》中写道："东风夜放花千树，更

吹落，星如雨。宝马雕车香满路，凤箫声动，玉壶光转，一夜鱼龙舞。"也给我们描述出北宋京城汴京的富庶、繁忙的对外贸易，以及丰富的夜生活。

明清两朝的画师以苏州为蓝本再创作的新版《清明上河图》，展现的城市繁华比北宋的汴京有过之而无不及。画中普遍出现了开展国际贸易的船只，效法葡萄牙、荷兰商船，在船头树立一面"国旗"，以便和其他国家的商船相区别。

商人们通过贸易赚取利润之后，通过什么来沉淀财富，传承给子孙后代呢？

我们在画中可以看到各种商铺、深宅大院，商人们购买土地、商铺，可以收取租金，建设宅院，可以传给子孙。

随着时代的变迁，经济重心也会向不同的城市转移。从唐代的长安（西安）转移到北宋的汴京（开封），再转移到杭州、苏州、扬州、南京，清末转移到上海、广州。民国时期，哈尔滨、沈阳、青岛、上海都是繁华的城市，是大量人口的聚集地。改革开放的政策落地之后，中国开启了新一轮城市发展的浪潮。制造业的飞速发展，使得人口和人才大量向东部、南部和沿海各省流动聚集，仅仅用了 40 年的时间，就催生了珠三角城市群、长三角城市群、环渤海城市群、华中城市群、中原城市群、西南城市群。这些城市群聚集了大量的产业和人口。

面对变化的时代和众多的城市，外贸人应该选择哪些城市安家落户，留传财富给子孙后代呢？

纵观千年城市的发展历史，人们安家置业的选择都基于以下三个原则：长期看人口数量，中期看土地和政策导向，短期看金融环境。依据这三个原则，我们就可以选择适合我们的城市去创业和发展。

（一）取势——理解国家政策，顺势而为，事半功倍

1. 政策催生产业，产业主导人口流向

中华人民共和国成立以来，因政策导向，产生过 2 次人口大迁移。

1949 年—1979 年，由于移民垦荒支援边疆政策和大三线建设政策的原因，这个时期河南、山东、江苏、安徽、四川、湖南人口大量迁出，从中东部向中西部迁移。

第五章 | 进化——穿越阶层进化论

1980年—2016年，这个时期改革开放政策不断深化，中国经济开始高速发展。国内商品需求增长和对外贸易的大发展使得民营企业遍地开花，从而需要大量的制造业工人和外贸从业人员，黑龙江、辽宁、吉林、四川、安徽、湖南、湖北、贵州成为人口主要迁出地，而广东、浙江、上海、江苏、北京、天津、河北、山东等省（市）成为人口主要迁入地。总体是从中西部向东部、东南部地区迁移。

从2016年我国人口密度等高线来看，京津冀、长三角、珠三角三大城市群的人口密度最高，中原地区人口也较为密集，重庆、成都存在两个人口高密度点，人口扎堆聚集在这些区域。

特别是第二次人口迁移，人们可以自由选择去向，海阔凭鱼跃，天高任鸟飞。如今我们耳熟能详的各个商界大佬，如万科、恒大、万达、碧桂园、百度、阿里巴巴、腾讯、华为、OPPO、小米的发展都受益于这个时期的政策和人口迁移的红利。

2. 新政策，新机遇，新选择

观历史而知未来，如果父辈们没有做出正确的城市选择，作为新时代的"95后""90后""85后""80后"，我们这一代人面对即将开始的新时代，应当如何选择才能不负青春，有利于家庭发展和财富传承呢？

2019年3月31日，国家发展改革委发布《关于印发〈2019年新型城镇化建设重点任务〉的通知》，文中出现了"城市取消落户限制""全面放开落户条件"等词语，涉及人口引入、户籍制度、都市圈建设、特色小镇等诸多方向。

《2019年新型城镇化建设重点任务》原文有8 000多字，怎么理解其中的重点呢？

（1）城市落户门槛全面放松

> 《2019年新型城镇化建设重点任务》原文：
> ……继续推动1亿非户籍人口在城市落户目标取得决定性进展，加快推动城乡融合发展，实现常住人口和户籍人口城镇化率均提高1个百分点以上。
> 城区常住人口100万-300万的Ⅱ型大城市要全面取消落户限制；
> 城市常住人口300万-500万的Ⅰ型大城市要全面放开放宽落户条件，并全

面取消重点群体落户限制；

超大特大城市要调整完善积分落户政策，大幅增加落户规模、精简积分项目，确保社保缴纳年限和居住年限分数占主要比例。

……积极推进农村贫困人口落户，允许租赁房屋的常住人口在城市公共户口落户。

我们常说的一二线城市、三四线城市，分别对应上面的哪个人口级别呢？

根据住建部发布的《中国城市建设统计年鉴（2016）》，2016年年底我国城区人口（包括常住人口及流动人口）在100万以上的特大城市全国共88个。上海、北京、深圳、广州、重庆城区人口超1 000万，为超大城市；天津、武汉、成都、东莞、南京、郑州、杭州、沈阳八个城市人口在500万~1000万，为特大城市；Ⅰ型大城市共14个，Ⅱ型大城市61个。我国城区常住人口超300万的城市如图5-23所示。

城区常住人口超300万的城市 （万人）

上海	2418.33
北京	1876.60
深圳	1252.83
广州	1184.99
武汉	868.48
重庆	865.0
天津	846.90
成都	766.72
南京	642.68
郑州	637.82
杭州	637.07
长沙	532.03
沈阳	511.91
西安	493.86
哈尔滨	492.57
青岛	445.83
长春	404.12
济南	404.00
大连	400.97
合肥	395.90
昆明	393.22
太原	370.97
厦门	347.37
南宁	333.33
苏州	332.94
宁波	332.82
东莞	300.00

超大特大城市
- 调整完善积分落户政策
- 大幅增加落户规模
- 精简积分项目
- 确保社保缴纳年限和居住年限分数占主要比例

300万—500万的Ⅰ型大城市
- 全面放开放宽落户条件
- 全面取消重点群体落户限制

100万—300万的Ⅱ型大城市
- 全面取消落户限制

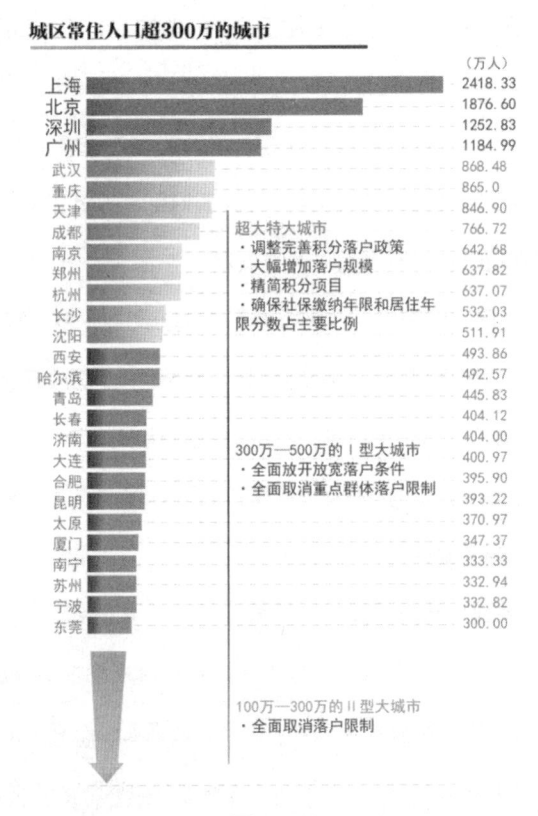

图 5-23

第五章 进化——穿越阶层进化论

如《2019年新型城镇化建设重点任务》原文所说，要"大幅增加落户规模、精简积分项目"，同时，还要"允许租赁房屋的常住人口在城市公共户口落户"。普通人可能没有看出这简单几句话背后包含的信息和牵动的能量。

政策催生产业，产业主导人口流向，人口流向引导资源分配，资源分配决定资产价值。

2018年，由西安开始了各大城市的"抢人"大战，2018年一年就有50万人落户西安，各大城市为"抢人"使出浑身解数。2018年，深圳入户人口超过50万人，2019年一季度这短短的三个月内，深圳申请办理落户的人口就已经达到了10万。积分落户的门槛一旦放开，人口流入的速度将继续加快。

外贸和产业息息相关，哪些城市的产业更集中，外贸人就业和发展也更方便。在各大城市放开落户门槛的政策下，户口落户于哪个城市，是外贸人需要考虑的首要问题。

（2）公共服务全覆盖

> 《2019年新型城镇化建设重点任务》原文：
>
> ……随迁子女较多城市加大教育资源供给，实现公办学校普遍向随迁子女开放，完善随迁子女在流入地参加高考的政策。
>
> 全面推进建立统一的城乡居民医保制度……推进城乡居民养老保险参保扩面……持续深化利用集体建设用地建设租赁住房试点，扩大公租房和住房公积金制度向常住人口覆盖范围。

这部分是在回答户籍放开可能带来的一系列衣食住行、医疗等公共服务问题。

（3）深化"人地钱挂钩"等配套政策

> 《2019年新型城镇化建设重点任务》原文：
>
> ……深化落实支持农业转移人口市民化的财政政策，在安排中央和省级财政转移支付时更多考虑农业转移人口落户数量，2019年继续安排中央财政奖励资金支持落户较多地区。

> 全面落实城镇建设用地增加规模与吸纳农业转移人口落户数量挂钩政策……探索落户城镇的农村贫困人口在原籍宅基地复垦腾退的建设用地指标由输入地使用……

城市吸纳了大量的人口，衣食住行都会遇到难题；公共资源一时又供应不及，总是需要适当的财政补贴才行。在这一点上，文件也有充分的考量：谁落实的农业人口多，财政、土地、资金就向谁倾斜。

城市获得的资金多，就可以将更多的资金投入道路、交通、学校、医院、城市面貌等方面的建设，从而提升城市等级，提升吸引投资和人才的能力。城市人口的增加和城市等级提升也使得房产的价值得以提升。

（4）发展城市群，培育都市圈

> 《2019年新型城镇化建设重点任务》原文：
>
> 有序实施城市群发展规划。加快京津冀协同发展、长江三角洲区域一体化发展、粤港澳大湾区建设……坚持以中心城市引领城市群发展，推动一些中心城市地区加快工业化城镇化，增强中心城市辐射带动力……
>
> 加快推进都市圈交通基础设施一体化规划建设……允许都市圈内城乡建设用地增减挂钩节余指标跨地区调剂……
>
> 中小城市发展要分类施策，收缩型中小城市要瘦身强体，转变惯性的增量规划思维，严控增量、盘活存量，引导人口和公共资源向城区集中……

在以往的城镇化建设中，提到的大多是"均衡发展"，但是自古以来，城市发展自有其客观规律，人口、资源、资金高度向大城市集中。城市发展更高效、更便捷，同时也更加环保，符合全世界范围内的城市发展进程。

现在大家耳熟能详的京津冀、长三角和粤港澳大湾区三个城市群，经常出现在新闻媒体的报道里，而这份文件，更进一步将城市群的概念扩展到了全国：西南、西北、中部、东北、东南都要建设相应的城市群。

透过现象看本质，所谓的发展城市群，就是鼓励资金与人口继续向更有价值的城市汇聚。

在城市化进程中，一二线城市强者恒强，三四线城市持续衰落，无论是从经济层面，还是从政策层面看，都已经不可逆转。

"收缩型中小城市要瘦身强体，转变惯性的增量规划思维，严控增量"，直白点说就是，中小城市将面临人口下降，大量产业迁出，人才吸引力下降。这也就意味着，那些不在交通要道节点上、没在城市群范围内的中小城市，将面临收缩的命运，特别是资源型城市尤其明显，会随着资源的耗尽而没落。

作为外贸人的你我，如同大河中的一叶小舟，无法逆转时代的洪流，只能吸取古人的智慧精髓：取势，顺势而为，事半功倍。外贸人需要将自己看成一艘小小的航船，先航行到一个合适的城市，静待时代的洪流，托起城市群这种超级航母，小航船才有机会进化为战舰，加入航母舰队，借力一起航向远洋。

（二）明道——以产业城市群为基础，向核心大城市发展

外贸人生存和发展的根基在于城市制造产业。城市群制造业集中，可以源源不断地产出各类商品，外贸人就可以通过自己的销售能力把各种产品销售到世界各地，赚取外汇，产生源源不断的现金流。

外贸创业者，通过几年创业积累了存款之后，也到了成家立业的年龄。在哪个城市工作，在哪个城市安家置业，是一个重大决策。

每个城市群都由 1~2 个核心大城市和若干中小城市组成。不同的城市群又有着不同的产业集群，不同的城市群人口流入的数量也有差别。

外贸人安家置业需要兼顾投资和工作，选择城市要谨记这个原则：长期看人口数量，中期看土地和政策导向，短期看金融环境。

图 5-24 是 2011 年—2017 年部分重点城市常住人口逐年增量示意图。图片中圆圈越大，说明人口增加规模越大，三角形则代表人口减少。

依据"长期看人口数量"的原则，安家置业的投资首选城市群中的核心大城市。人口聚集的核心大城市必然有发达的商业，有发达的商业才会有投资价值，有投资价

值的城市，个人资产才能保值升值。

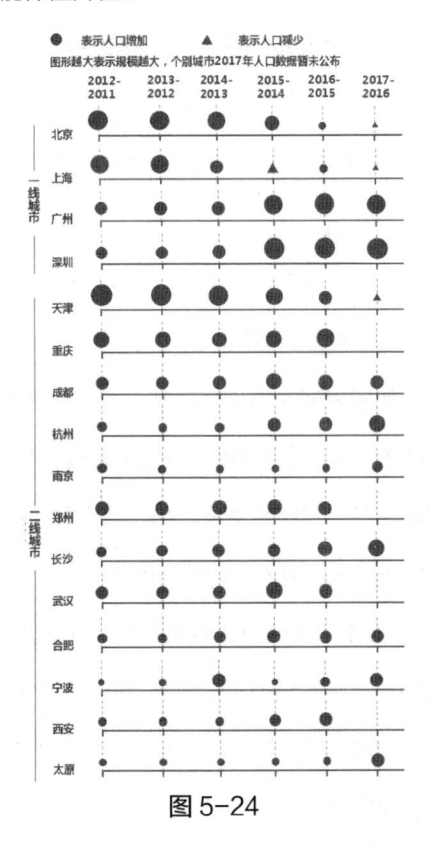

图 5-24

由于都市圈的一线核心大城市房价相对较高，比如北京、上海、广州、深圳，非一般外贸创业者可以轻松负担得起，退而求其次，可选择贴近核心大城市的大中型城市进行置业。这些城市承担了核心大城市外溢的制造业，和核心大城市关系十分紧密，依托高铁和高速网络可以形成1小时经济圈，往来十分便利。比如广州旁边的佛山，深圳旁边的东莞，上海旁边的苏州、嘉兴，杭州旁边的宁波，北京旁边的廊坊、天津，这些城市都有发达的制造业，可以作为外贸人创业和工作的依托。这些城市经过了40年的发展，城市环境、配套设施也已经比较完善，居住舒适度也不亚于一线核心大城市，也可以作为外贸创业者首次置业的城市。

依据"中期看土地和政策导向"的原则，我们在《2019年新型城镇化建设重点任务》中看到，核心大城市周边的大中城市都在放宽落户政策，引导人口流入，而且

第五章 进化——穿越阶层进化论

这些城市有充足的土地储备来承载新移民的人口。充足的土地储备有利于当地政府做城市规划，让城市有充足的发展空间。城市有发展空间，人们才愿意留下来。

依据"短期看金融环境"的原则，积极"抢人"的城市对于落户人才购房、贷款的优惠政策迭出，如东莞、武汉、长沙、郑州、西安、杭州，限购也极大放松，落户即可购房。

2019年4月12日，央行公布了《2019年一季度金融统计数据报告》。全文很长，数字多且烦琐，用图5-25所示的信息图展示，大家更容易理解。

图 5-25

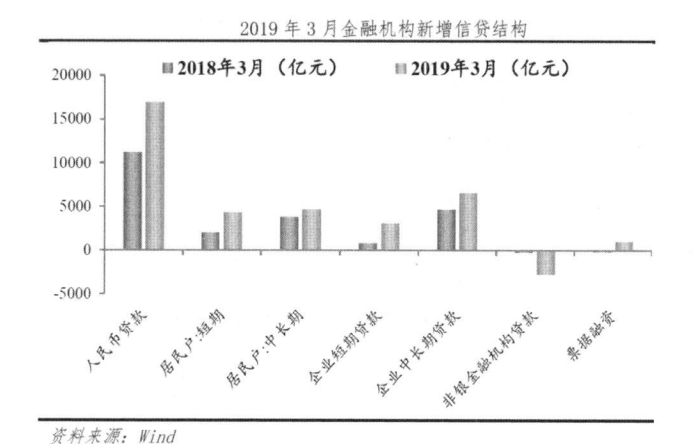

图 5-26

如图 5-26 所示，2019 年 3 月新增人民币贷款则达到 1.69 万亿元，超出市场预期 0.44 万亿元。在贷款体系中，有一种模式叫票据融资，就是金融机构之间相互做生意，也意味着钱在金融体系内打转，没有流入实体经济。但在 2019 年 3 月的新增信贷结构中，票据融资已缩减到 978 亿元，说明资金已经在慢慢离开金融体系，寻找实体承载出口。

2019 年 3 月，企业中长期贷款金额为 6 573 亿元，这也是历史上 3 月份的最高值，企业越来越愿意贷款，而金融机构也愿意配合，实体经济的信心在逐步恢复，信心贵过黄金。

贷款体系中有个很特殊的存在，叫居民中长期贷款，其实就是房贷，2019 年 3 月达到 4 700 亿元。这是 5 年来，3 月份最高的一次。

2019 年一季度 M2（广义货币）8.6% 的增速是个不容忽视的信号。2019 年 GDP 同比增长 6.2%，与 M2 增速相差不多，说明货币控制的节奏相当精准，"房子是用来住的，不是用来炒的""坚决不搞大水漫灌"和"维护市场流动性"，得到了认真落实。

对于大多数外贸创业者而言，在市场平缓期选择一个房价和政策相对友好，适合事业发展和生活的都市圈大中城市安居置业，是一个现实且稳妥的选择。奋斗几年待事业有了更大的成就，可支配的资金达到 100 万元以上时，可以再进军核心一线、新一线超大城市，寻求更高的事业和财富发展空间。

（三）优术——沉淀财富的正确思维

1. 如何选择城市 一线 VS 二线

北京是政治、文化、经济和外交中心，也是教育中心，是中央政府所在地，也是几乎所有央企、数百家大型国企的北方总部所在地。北京是个人才多、官员多、钱多、机会多的地方。中国只有一个北京，13 亿人只有一个北京，想在北京安居置业，入场门槛很高，交易成本也高。

其他的一线城市，如上海、广州、深圳，各有各的优势和短板，但都以优越的产业基础、开放的投资环境和比较高效的市场机制著称。上海的金融业，广州的贸易制造业，深圳的互联网业都代表着国内最具资源优化能力和市场运作能力的群体。企业的规模通过上市融资达到放大，所以依托于上海和深圳的证券交易所，形成了华东和华南的金融中心。

我们也能够发现当代城市的发展多聚焦在金融业、服务业，而全国性的金融中心就是北京、上海、香港、深圳，所以目前房价最高、资金最集聚和富人圈层相对集中的也就是这几个城市。这些城市有海量的来自全国各地的资金，聚集了大量的精英人口，形成了对房价的有力支撑，在一线置业也成为了精英人士资产保值和升值的一个渠道。

新一线城市或者强二线城市，包括杭州、武汉、重庆、成都、南京、天津、苏州、西安、长沙、沈阳、青岛、郑州、大连、东莞、佛山、宁波等，基本上都是各省的省会或者沿海发达城市，是省内资源最集中、产业最具优势的城市，人口规模也基本上是在 600 万以上。中国的中高端产业和工作机会也主要集中在这些新一线和强二线的城市里，新一线有七个城市更值得重点关注，那就是成都、重庆、天津、武汉、杭州、苏州、南京，这几个城市占领了中国的城市 GDP 排行榜前列。

城市群基本上都分布在"一带一路"的重要节点上，成都、重庆、武汉虽然为内地城市，但是可以依托铁路和广西的港口进行铁海联运出口，比走长江水道速度更快，成本更低，西南、西北地区的产品出口印度、越南等地更具成本优势。西南地区的外贸人创业和安家置业也不需要背井离乡往广东和浙江等沿海地区跑。

一线、二线城市各具特点和产业优势，而且每个省目前都在实施强省会战略，外贸人置业安家在一线和二线核心城市都不会差，根据自身资金量选择合适的城市即可。

2. 新房 VS 二手次新房 VS 公寓

什么是新房？新房是开发商销售的期房，通常是认购后 2 年左右交楼，交楼之后

2年左右才能拿到房产证。

什么是二手次新房？二手次新房通常是具有5~10年楼龄的房子。

什么是公寓？公寓是在商业用地上建设的用于商业经营的房子。公寓的水电都是商用价格，而且根据消防制度要求不能通天然气。

首次置业的人一般喜欢新房，特别是二线和三线城市的人，基本上不会考虑二手次新房。但在有多次置业、投资经验的老鸟看来，只买新房的人都有"处房情结"和"新房癌"。

开发商在新房开盘的时候会搭建高大上的营销大厅，有漂亮的售楼小姐给你端茶倒水、讲解沙盘和户型，在开发商制造的排队抢房的营销气氛中，"新房癌"们会唯恐晚一分钟就买不到房，殊不知这一切都是开发商的套路。虽然近2年由于新房限价销售，很多新房看起来比二手房便宜或者和二手房等价，实际上只要算一下细账，就会发现买新房所要付出的真实首付其实也并不低。对于外贸创业者而言，安家置业就是投资，是必须要算细账的。

如图5-27所示，我们从视觉、听觉、触觉、心灵四个维度来做分析。

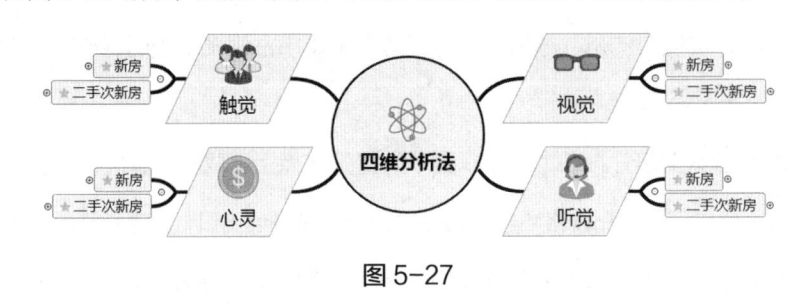

图 5-27

（1）视觉

新房一样会变老，而且新房在交房的当天马上就变成二手房，放到市场上也是和二手次新房们同场竞技，在市场上看没有本质区别。

新房的"新"只是存在于心里的感觉。新房的"新"在于楼龄短，小区环境新，感官上让人舒服。入住率低，小区老化就慢。

如果二手次新小区由品牌开发商的物业进行维护，每年都进行维护修缮，二手次新小区经过 5~10 年保养，状况也不会太差，加上入住率高，也适合居家生活。

二手次新房，只要经过刷新墙面和翻新地板，入住的感觉其实和一手新房没有本质差别。

（2）听觉

新小区刚刚建成，周边配套一般都不够完善，小区住户入住前必然要进行装修，假设小区有 1 000 户，如此大规模的装修，没有 3~5 年是完成不了的，如果你房子的楼上、楼下、前后左右都有人在装修，你需要忍受 1~2 年的装修噪音，再加上周边设施和道路的施工，十分考验人的忍耐力。

二手次新小区，由于已经经过 5~10 年时间，基本上没有了装修噪音干扰，周边配套设置都已经完善，很少会有大规模的施工，噪音相应也更少。

（3）触觉

对于新房，你是无法用触觉感知的，开发商给你的都是沙盘模型，你只能靠想象，实地落成后必然和你的想象有较大差距。每年都有大量媒体报道新房业主维权的新闻，货不对板的问题十分常见。

二手次新小区，你在购房前一定会多次看房，可以感受小区的居住氛围，看到小区物业是否有每年维护修缮设施，可以感受小区人群的素质，可以询问小区内居住的人对物业的感受如何，可以观察周边的配套资源。二手次新小区的一切都已经呈现在你眼前，你有充分的选择权，还可以选择合适的户型，不需要去抢。

（4）心灵

买房的首要决定因素是钱。

我们投资置业需要算细账。假设有一套总价 200 万元的毛坯新房和一套总价 200 万元的二手次新房，位于市区的近郊，都是带花园的小区，都是电梯高层，面积都是 100 平方米，但是新房交期是 2 年，二手次新房已经有 6~7 年的楼龄且房产证满五年，保养 8 成新，买哪个更划算呢？

我们先看一下表 5-1。

表 5-1

项目	首付	贷款	中介费	月供
新房	60 万元	140 万元	0	7 400 元
二手次新房	60 万元	140 万元	4 万元	7 400 元

一般人会觉得二手房都和新房一样的价格了，首付都一样，二手房还要中介费，当然新房划算啊！

我们再细算一下实际成本：如果我们买新房，开发商最快也要 1 年半到 2 年后才能交房，交房之后要等 1~2 年才能办房产证，那么在签合同后，我们就要开始付月供，想住进去要等 2 年左右，这期间还要在外面租房，假设租金是 3 000 元，而且新房交房后，你还需要投入基础装修的费用，那么实际买新房还要增加时间成本、装修成本和机会成本。

买新房的实际总首付如下：

首付成本：60 万元

交楼前租房时间成本：3 000×12×2=72 000 元

装修成本：10 万元

装修时间 60 天 + 透气时间 30 天（装修期间需要在外租房）

装修时租房时间成本：3000×3 =9 000 元

600 000+72 000+100 000+9 000=781 000 元

总计 78.1 万元。

如果我们买二手次新房，通常 10~15 天即可完成过户和交房。由于不需要做水电等基础装修，二手次新房只需要重新粉刷和翻新地板即可入住，粉刷加透气 15 天即可，在外租房只需要多付一个月租金。

买二手次新房的实际总首付如下：

首付成本：60 万元

装修成本：1万元

装修时租房时间成本：3 000

中介费：4万元

600 000+10 000+3 000+40 000=653 000元

总计65.3万元

我们就可以得出表5-2。

表5-2

项目	首付	房租	装修费	中介费	实际总首付
新房	60万元	8.1万元	10万元	0	78.1万元
二手次新房	60万元	3000元	1万元	4万元	65.3万元
差额					12.8万元

通过上述分析可知，购买新房要比购买二手次新房多支付：78.1-65.3=12.8万元我们还需要关注供楼的时间成本。

新房的时间成本：2年交房时间+2年拿证时间+3年限售时间

假设购房时间都是在2019年，新房大概要在2023年才能拿到房产证，2026年才能上市交易，入市前新房就产生了7年的时间成本。月供7 400元的新房，7年的时间成本是多少钱呢？

新房供楼时间成本：7 400×12×7=621 600元（约62.2万元）

新房上市交易前的持有总成本：78.1+62.2=140.3万元

但购买二手次新房，当月可以拿房产证，2022年就可以上市交易，上市前只有3年的供楼时间成本。

二手次新房供楼时间成本：7 400×12×3 =266 400元（约26.6万元）

二手次新房上市交易前的持有总成本：65.3+26.6=91.9万元

我们就可以得出表5-3。

表 5-3

项目	实际总首付	上市交易时间	供楼时间成本	持有总成本
新房	78.1 万元	7 年	62.2 万元	140.3 万元
二手次新房	65.3 万元	3 年	26.6 万元	91.9 万元
差额		4 年		48.4 万元

在上市交易前,新房比二手次新房持有总成本多:140.3-91.9=48.4 万元

更多人会忽略掉机会成本,如果在 3~7 年中,房价上涨一倍,买了二手次新房的人可以出售房子,再置换更好区域的好房子,完成资产升级。而买了新房的人还需要等入市解禁后才能出售,可能会错过行情。

举个例子:2018 年深圳某润城三期新房限价 8.8 万元每平方米,而同时某润城二手房价格已经达到 11 万元每平方米,如果不去抢新房,而是在 2017 年某润城三期未开盘前买入一期的二手房,那么在 2018 年,二手房价格已经升值 2.2 万元每平方米。100 平的房子一年即可升值 220 万元。

对于外贸创业者而言,安居置业更需要眼光放长远和算细账。

最后想谈谈公寓,很多人在一个城市没有购房资格,就把目光投向了公寓。我们再给公寓算一笔细账,从产权、贷款时间、首付额度、水电和网络费用几个维度来计算。

产权:公寓产权通常只有 40~50 年

贷款时间:公寓贷款时间最长只有 10 年

首付额度:公寓首付需要 50%

水电和网络费用:按商业水电计费(费用是民用的 2 倍)

燃气:一般不通天然气

假设一套公寓总价为 200 万,我们计算一下购买成本。

首付:100 万元

贷款：10 年

月供：12 400 元

和住宅相比，公寓买入的成本太高，没有什么可比性。

3. 全款 VS 贷款

全款购房好还是贷款好，一直是人们讨论的问题。有的人觉得，如果有资金、有能力，当然全款买下最好啊，不欠银行钱，不用还月供，不当房奴，轻轻松松，多好呀！

我们先来了解 2 个经济学名词：通胀、M2。

（1）通胀

通货膨胀是指在货币流通条件下，由于货币供给量大于市场实际需求，出现购买力大于产出供给的情况，导致货币贬值，而引起的一段时间内物价持续普遍上涨的现象。

文字比较拗口和枯燥，我直白地翻译一下。2019 年，你口袋里有 100 块钱，去和朋友吃夜宵可以吃 100 串烤肉。假设 2020 年，通货膨胀了 3 倍，你口袋里的 100 块钱，只能吃 30 串烤肉，花的钱一样多，却吃不饱了。

（2）M2

M2 也称作广义货币，是活期存款 + 定期存款 + 居民储蓄存款 + 其他存款 + 证券公司客户保证金 + 住房公积金中心存款 + 非存款类金融机构在存款类金融机构的存款，翻译成白话就是：M2= 社会上所有的钱的数量。

每年我国的 M2 都在增加，也就是说，每年央行都在增发货币（印钱），而 M2 增加必然导致货币购买力下降。2019 年一季度 M2 增速是 8.6%，假设 2019 年 M2 平均增速为 10%，那么我们口袋里的钱，一年内购买力就会贬值 10%。

明白了通胀、M2 的意义之后，全款购房和贷款购房的差别就容易理解了。

假设 M2 每年增加 10%，我们来计算一下全款和贷款购房的 2 位购房者，10 年后的资产差别。

A 先生 2019 年全款购入一套总价 200 万元的房产，资产情况如表 5-4 所示。

表 5-4

类目	1年	2年	3年	4年	5年	6年	7年	8年	9年	10年
资产（万元）	200	220	242	266	293	322	354	390	429	472
负债（万元）	0	0	0	0	0	0	0	0	0	0

B先生2019年以3成首付加贷款购入2套单价200万元的房产，花费120万元，余款80万可以做其他生意或者用于改善生活。

表 5-5

类目	1年	2年	3年	4年	5年	6年	7年	8年	9年	10年
资产（万元）	400	440	484	532	586	644	709	780	857	943
负债（万元）	534	516	481	463	445	428	392	374	357	339

我们会发现，仅仅因为通胀的因素，B先生的资产会比A先生的资产增加一倍。B先生虽然有负债，但随着时间的推移，第三年资产已经大于负债。随着工作能力的增强和收入的增加，贷款购房者的还款压力会逐渐变小。因为通胀的因素，10年之后，B先生资产是负债的近3倍。B先生减掉负债后的净资产约为600万元，而A先生只有472万元。B先生剩下的339万元的负债到2029年时，只相当于2019年约120万元的购买力，负债也因通胀而不断贬值，虽然每年还钱的总金额不变，但购买力已经变化了。

结论：通胀会导致资产增值，负债贬值，因此贷款购房优于全款购房。

4. 等额本息 VS 等额本金

明白了贷款购房和全款购房哪个更具优势之后，一般人都会优先选择贷款方式。但我们在贷款的时候会遇到等额本息还款和等额本金还款2种方式，应该选择哪个呢？

等额本息是本金逐月递增,利息逐月递减,月还款数不变。等额本金是本金保持不变,利息逐月递减,月还款数递减。具体如图 5-28 所示。

普通人不太愿意欠钱,都希望早日还清贷款,不愿当"房奴",无债一身轻,因此会觉得,虽然选择等额本金的方式,每月需要支付的钱多,但趁年轻,前 8 年多还点,随着时间流逝,8 年之后还贷压力会逐渐减小,多好啊!

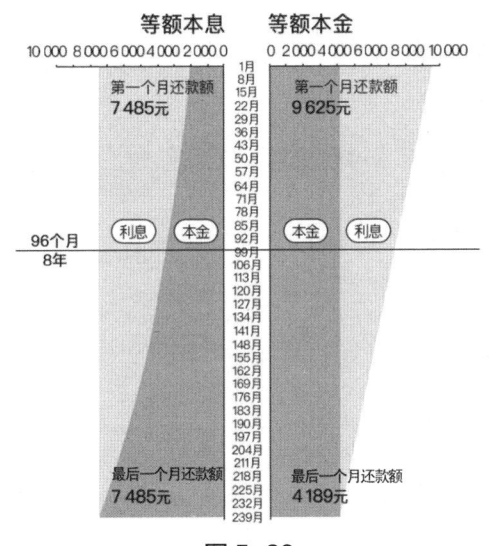

图 5-28

但是,我们只要经过前面的学习,理解了通胀和 M2 的内容之后,就会明白选择等额本金的方式,就会提前透支购买力,提前支付早期具备强购买力的本金和利息。如果使用等额本息的还款方式,前 8 年内每月的还款金额会低于等额本金方式,还款压力较小,而且还款份额中利息占大多数,本金占少数。8 年之后,需要还款的金额虽然总数不变,都是 7 485 元,但是购买力已经缩水了。因此,外贸创业者安家置业时,等额本息方式是上佳选择。

书目介绍

乐贸系列

书名	作者	定价	书号	出版时间

📖 国家出版基金项目

1. "质"造全球：消费品出口质量管控指南 | SGS 通标标准技术服务有限公司 | 80.00 元 | 978-7-5175-0289-0 | 2018 年 9 月第 1 版

📖 跟着老外学外贸系列

1. 优势成交：老外这样做销售（第二版） | Abdelhak Benkerroum（阿道） | 58.00 元 | 978-7-5175-0370-5 | 2019 年 10 月第 2 版

📖 外贸 SOHO 系列

1. 外贸 SOHO，你会做吗？ | 黄见华 | 30.00 元 | 978-7-5175-0141-1 | 2016 年 7 月第 1 版

📖 跨境电商系列

1. 跨境电商全产业链时代：政策红利下迎机遇期 | 曹磊 张周平 | 55.00 元 | 978-7-5175-0349-1 | 2019 年 5 月第 1 版
2. 外贸社交媒体营销新思维：向无效社交说 No | May（石少华） | 55.00 元 | 978-7-5175-0270-8 | 2018 年 6 月第 1 版
3. 跨境电商多平台运营，你会做吗？ | 董振国 贾卓 | 48.00 元 | 978-7-5175-0255-5 | 2018 年 1 月第 1 版
4. 跨境电商 3.0 时代——把握外贸转型时代风口 | 朱秋城（Mr. Harris） | 55.00 元 | 978-7-5175-0140-4 | 2016 年 9 月第 1 版
5. 118 问玩转速卖通——跨境电商海外淘金全攻略 | 红鱼 | 38.00 元 | 978-7-5175-0095-7 | 2016 年 1 月第 1 版

📖 外贸职场高手系列

1. 思维对了，订单就来：颠覆外贸底层逻辑 | 老 A | 58.00 元 | 978-7-5175-0381-1 | 2020 年 1 月第 1 版
2. 从零开始学外贸 | 外贸人维尼 | 58.00 元 | 978-7-5175-0382-8 | 2019 年 10 月第 1 版
3. 小资本做大品牌：外贸企业品牌运营 | 黄仁华著 | 58.00 元 | 978-7-5175-0372-9 | 2019 年 10 月第 1 版
4. 金牌外贸企业给新员工的内训课 | Lily 主编 | 55.00 元 | 978-7-5175-0337-8 | 2019 年 3 月第 1 版
5. 逆境生存：JAC 写给外贸企业的转型战略 | JAC | 55.00 元 | 978-7-5175-0315-6 | 2018 年 11 月第 1 版
6. 外贸大牛的营与销 | 丹牛 | 48.00 元 | 978-7-5175-0304-0 | 2018 年 10 月第 1 版
7. 向外土司学外贸 1：业务可以这样做 | 外土司 | 55.00 元 | 978-7-5175-0248-7 | 2018 年 2 月第 1 版
8. 向外土司学外贸 2：营销可以这样做 | 外土司 | 55.00 元 | 978-7-5175-0247-0 | 2018 年 2 月第 1 版
9. 阴阳鱼给外贸新人的必修课 | 阴阳鱼 | 45.00 元 | 978-7-5175-0230-2 | 2017 年 11 月第 1 版
10. JAC 写给外贸公司老板的企管书 | JAC | 45.00 元 | 978-7-5175-0225-8 | 2017 年 10 月第 1 版

书名	作者	定价	书号	出版时间
11. 外贸大牛的术与道	丹 牛	38.00元	978-7-5175-0163-3	2016年10月第1版
12. JAC外贸谈判手记——JAC和他的外贸故事	JAC	45.00元	978-7-5175-0136-7	2016年8月第1版
13. Mr. Hua创业手记——从0到1的"华式"创业思维	华 超	45.00元	978-7-5175-0089-6	2015年10月第1版
14. 外贸会计上班记	谭 天	38.00元	978-7-5175-0088-9	2015年10月第1版
15. JAC外贸工具书——JAC和他的外贸故事	JAC	45.00元	978-7-5175-0053-7	2015年7月第1版
16. 外贸菜鸟成长记(0~3岁)	何嘉美	35.00元	978-7-5175-0070-4	2015年6月第1版

外贸操作实务子系列

书名	作者	定价	书号	出版时间
1. 外贸高手客户成交技巧3：差异生存法则	毅 冰	69.00元	978-7-5175-0378-1	2019年9月第1版
2. 外贸高手客户成交技巧2——揭秘买手思维	毅 冰	55.00元	978-7-5175-0232-6	2018年1月第1版
3. 外贸业务经理人手册(第三版)	陈文培	48.00元	978-7-5175-0200-5	2017年6月第3版
4. 外贸全流程攻略——进出口经理跟单手记(第二版)	温伟雄（马克老温）	38.00元	978-7-5175-0197-8	2017年4月第2版
5. 金牌外贸业务员找客户(第三版)——跨境电商时代开发客户的9种方法	张劲松	40.00元	978-7-5175-0098-8	2016年1月第3版
6. 实用外贸技巧助你轻松拿订单(第二版)	王陶（波锅涅）	30.00元	978-7-5175-0072-8	2015年7月第2版
7. 出口营销实战(第三版)	黄泰山	45.00元	978-7-80165-932-3	2013年1月第3版
8. 外贸实务疑难解惑220例	张浩清	38.00元	978-7-80165-853-1	2012年1月第1版
9. 外贸高手客户成交技巧	毅 冰	35.00元	978-7-80165-841-8	2012年1月第1版
10. 报检七日通	徐荣才 朱瑾瑜	22.00元	978-7-80165-715-2	2010年8月第1版
11. 外贸实用工具手册	本书编委会	32.00元	978-7-80165-558-5	2009年1月第1版
12. 快乐外贸七讲	朱芷萱	22.00元	978-7-80165-373-4	2009年1月第1版
13. 外贸七日通(最新修订版)	黄海涛（深海鱿鱼）	22.00元	978-7-80165-397-0	2008年8月第3版

出口风险管理子系列

书名	作者	定价	书号	出版时间
1. 轻松应对出口法律风险	韩宝庆	39.80元	978-7-80165-822-7	2011年9月第1版
2. 出口风险管理实务(第二版)	冯 斌	48.00元	978-7-80165-725-1	2010年4月第2版
3. 50种出口风险防范	王新华 陈丹凤	35.00元	978-7-80165-647-6	2009年8月第1版

外贸单证操作子系列

书名	作者	定价	书号	出版时间
1. 跟单信用证一本通(第二版)	何 源	48.00元	978-7-5175-0249-4	2018年9月第2版
2. 外贸单证经理的成长日记(第二版)	曹顺祥	40.00元	978-7-5175-0130-5	2016年6月第2版
3. 信用证审单有问有答280例	李一平 徐珺	37.00元	978-7-80165-761-9	2010年8月第1版
4. 外贸单证解惑280例	龚玉和 齐朝阳	38.00元	978-7-80165-638-4	2009年7月第1版
5. 信用证6小时教程	黄海涛（深海鱿鱼）	25.00元	978-7-80165-624-7	2009年4月第2版

书名	作者	定价	书号	出版时间
6. 跟单高手教你做跟单	汪 德	32.00元	978-7-80165-623-0	2009年4月第1版

📚 福步外贸高手子系列

书名	作者	定价	书号	出版时间
1. 外贸技巧与邮件实战(第二版)	刘 云	38.00元	978-7-5175-0221-0	2017年8月第2版
2. 外贸电邮营销实战——小小开发信 订单滚滚来(第二版)	薄如骢	45.00元	978-7-5175-0126-8	2016年5月第2版
3. 巧用外贸邮件拿订单	刘 裕	45.00元	978-7-80165-966-8	2013年8月第1版

📚 国际物流操作子系列

书名	作者	定价	书号	出版时间
1. 货代高手教你做货代——优秀货代笔记(第二版)	何银星	33.00元	978-7-5175-0003-2	2014年2月第2版
2. 国际物流操作风险防范——技巧·案例分析	孙家庆	32.00元	978-7-80165-577-6	2009年4月第1版

📚 通关实务子系列

书名	作者	定价	书号	出版时间
1. 外贸企业轻松应对海关估价	熊 斌 赖 芸 王卫宁	35.00元	978-7-80165-895-1	2012年9月第1版
2. 报关实务一本通(第二版)	苏州工业园区海关	35.00元	978-7-80165-889-0	2012年8月第2版
3. 如何通过原产地证尽享关税优惠	南京出入境检验检疫局	50.00元	978-7-80165-614-8	2009年4月第3版

📚 彻底搞懂子系列

书名	作者	定价	书号	出版时间
1. 彻底搞懂信用证(第三版)	王腾 曹红波	55.00元	978-7-5175-0264-7	2018年5月第3版
2. 彻底搞懂关税(第二版)	孙金彦	43.00元	978-7-5175-0172-5	2017年1月第2版
3. 彻底搞懂提单(第二版)	张敏 张鹏飞	38.00元	978-7-5175-0164-0	2016年12月第2版
4. 彻底搞懂中国自由贸易区优惠	刘德标 祖月	34.00元	978-7-80165-762-6	2010年8月第1版
5. 彻底搞懂贸易术语	陈 岩	33.00元	978-7-80165-719-0	2010年2月第1版
6. 彻底搞懂海运航线	唐丽敏	25.00元	978-7-80165-644-5	2009年7月第1版

📚 外贸英语实战子系列

书名	作者	定价	书号	出版时间
1. 十天搞定外贸函电(白金版)	毅 冰	69.00元	978-7-5175-0347-7	2019年4月第2版
2. 让外贸邮件说话——读懂客户心理的分析术	蔡泽民(Chris)	38.00元	978-7-5175-0167-1	2016年12月第1版
3. 外贸高手的口语秘籍	李 凤	35.00元	978-7-80165-838-8	2012年2月第1版
4. 外贸英语函电实战	梁金水	25.00元	978-7-80165-705-3	2010年1月第1版
5. 外贸英语口语一本通	刘新法	29.00元	978-7-80165-537-0	2008年8月第1版

📚 外贸谈判子系列

书名	作者	定价	书号	出版时间
1. 外贸英语谈判实战(第二版)	王慧 仲颖	38.00元	978-7-5175-0111-4	2016年3月第2版

书名	作者	定价	书号	出版时间
2. 外贸谈判策略与技巧	赵立民	26.00 元	978-7-80165-645-2	2009 年 7 月第 1 版

📖 国际商务往来子系列

国际商务礼仪大讲堂	李嘉珊	26.00 元	978-7-80165-640-7	2009 年 12 月第 1 版

📖 贸易展会子系列

外贸参展全攻略——如何有效参加 B2B 贸易商展(第三版)	钟景松	38.00 元	978-7-5175-0076-6	2015 年 8 月第 3 版

📖 区域市场开发子系列

中东市场开发实战	刘军 沈一强	28.00 元	978-7-80165-650-6	2009 年 9 月第 1 版

📖 加工贸易操作子系列

1. 加工贸易实务操作与技巧	熊斌	35.00 元	978-7-80165-809-8	2011 年 4 月第 1 版
2. 加工贸易达人速成——操作案例与技巧	陈秋霞	28.00 元	978-7-80165-891-3	2012 年 7 月第 1 版

📖 乐税子系列

1. 外贸企业免抵退税实务——经验·技巧分享	徐玉树 罗玉芳	45.00 元	978-7-5175-0135-0	2016 年 6 月第 1 版
2. 外贸会计账务处理实务——经验·技巧分享	徐玉树	38.00 元	978-7-80165-958-3	2013 年 8 月第 1 版
3. 生产企业免抵退税实务——经验·技巧分享(第二版)	徐玉树	42.00 元	978-7-80165-936-1	2013 年 2 月第 2 版
4. 外贸企业出口退(免)税常见错误解析 100 例	周朝勇	49.80 元	978-7-80165-933-0	2013 年 2 月第 1 版
5. 生产企业出口退(免)税常见错误解析 115 例	周朝勇	49.80 元	978-7-80165-901-9	2013 年 1 月第 1 版
6. 外汇核销指南	陈文培等	22.00 元	978-7-80165-824-1	2011 年 8 月第 1 版
7. 外贸企业出口退税操作手册	中国出口退税咨询网	42.00 元	978-7-80165-818-0	2011 年 5 月第 1 版
8. 生产企业免抵退税从入门到精通	中国出口退税咨询网	98.00 元	978-7-80165-695-7	2010 年 1 月第 1 版
9. 出口涉税会计实务精要(《外贸会计实务精要》第二版)	龙博客工作室	32.00 元	978-7-80165-660-5	2009 年 9 月第 2 版

📖 专业报告子系列

1. 国际工程风险管理	张燎	1980.00 元	978-7-80165-708-4	2010 年 1 月第 1 版
2. 涉外型企业海关事务风险管理报告	《涉外型企业海关事务风险管理报告》研究小组	1980.00 元	978-7-80165-666-7	2009 年 10 月第 1 版

📖 外贸企业管理子系列

1. 外贸经理人的 MBA	毅冰	55.00 元	978-7-5175-0305-7	2018 年 10 月第 1 版

书名	作者	定价	书号	出版时间
2. 小企业做大外贸的制胜法则——职业外贸经理人带队伍手记	胡伟锋	35.00 元	978-7-5175-0071-1	2015 年 7 月第 1 版
3. 小企业做大外贸的四项修炼	胡伟锋	26.00 元	978-7-80165-673-5	2010 年 1 月第 1 版

国际贸易金融子系列

书名	作者	定价	书号	出版时间
1. 国际结算单证热点疑义相与析	天九湾贸易金融研究汇	55.00 元	978-7-5175-0292-0	2018 年 9 月第 1 版
2. 国际结算与贸易融资实务（第二版）	李华根	55.00 元	978-7-5175-0252-4	2018 年 3 月第 1 版
3. 信用证风险防范与纠纷处理技巧	李道金	45.00 元	978-7-5175-0079-7	2015 年 10 月第 1 版
4. 国际贸易金融服务全程通（第二版）	郭党怀 张丽君 张贝	43.00 元	978-7-80165-864-7	2012 年 1 月第 2 版
5. 国际结算与贸易融资实务	李华根	42.00 元	978-7-80165-847-0	2011 年 12 月第 1 版

毅冰谈外贸子系列

书名	作者	定价	书号	出版时间
毅冰私房英语书——七天秀出外贸口语	毅冰	35.00 元	978-7-80165-965-1	2013 年 9 月第 1 版

"创新型"跨境电商实训教材

书名	作者	定价	书号	出版时间
跨境电子商务概论与实践	冯晓宁	48.00 元	978-7-5175-0313-2	2019 年 1 月第 1 版

"实用型"报关与国际货运专业教材

书名	作者	定价	书号	出版时间
1. 国际货运代理操作实务（第二版）	杨鹏强	48.00 元	978-7-5175-0364-4	2019 年 8 月第 2 版
2. 集装箱班轮运输与管理实务	林益松	48.00 元	978-7-5175-0339-2	2019 年 3 月第 1 版
3. 航空货运代理实务（第二版）	杨鹏强	55.00 元	978-7-5175-0336-1	2019 年 1 月第 2 版
4. 进出口商品归类实务（第三版）	林青	48.00 元	978-7-5175-0251-7	2018 年 3 月第 3 版
5. e 时代报关实务	王云	40.00 元	978-7-5175-0142-8	2016 年 6 月第 1 版
6. 供应链管理实务	张远昌	48.00 元	978-7-5175-0051-3	2015 年 4 月第 1 版
7. 电子口岸实务（第二版）	林青	35.00 元	978-7-5175-0027-8	2014 年 6 月第 2 版
8. 报检实务（第二版）	孔德民	38.00 元	978-7-80165-999-6	2014 年 3 月第 2 版
9. 现代关税实务（第二版）	李齐	35.00 元	978-7-80165-862-3	2012 年 1 月第 2 版
10. 国际贸易单证实务（第二版）	丁行政	45.00 元	978-7-80165-855-5	2012 年 1 月第 2 版
11. 报关实务（第三版）	杨鹏强	45.00 元	978-7-80165-825-8	2011 年 9 月第 3 版
12. 海关概论（第二版）	王意家	36.00 元	978-7-80165-805-0	2011 年 4 月第 2 版

书名	作者	定价	书号	出版时间

"精讲型"国际贸易核心课程教材

	书名	作者	定价	书号	出版时间
1.	国际贸易实务精讲（第七版）	田运银	49.50 元	978-7-5175-0260-9	2018 年 4 月第 7 版
2.	国际货运代理实务精讲（第二版）	杨占林 汤兴 官敏发	48.00 元	978-7-5175-0147-3	2016 年 8 月第 2 版
3.	海关法教程（第三版）	刘达芳	45.00 元	978-7-5175-0113-8	2016 年 4 月第 3 版
4.	国际电子商务实务精讲（第二版）	冯晓宁	45.00 元	978-7-5175-0092-6	2016 年 3 月第 2 版
5.	国际贸易单证精讲（第四版）	田运银	45.00 元	978-7-5175-0058-2	2015 年 6 月第 4 版
6.	国际贸易操作实训精讲（第二版）	田运银 胡少甫 史 理 朱东红	48.00 元	978-7-5175-0052-0	2015 年 2 月第 2 版
7.	进出口商品归类实务精讲	倪淑如 倪 波 田运银	48.00 元	978-7-5175-0016-2	2014 年 7 月第 1 版
8.	外贸单证实训精讲	龚玉和 齐朝阳	42.00 元	978-7-80165-937-8	2013 年 4 月第 1 版
9.	外贸英语函电实务精讲	傅龙海	42.00 元	978-7-80165-935-4	2013 年 2 月第 1 版
10.	国际结算实务精讲	庄乐梅 李 菁	49.80 元	978-7-80165-929-3	2013 年 1 月第 1 版
11.	报关实务精讲	孔德民	48.00 元	978-7-80165-886-9	2012 年 6 月第 1 版
12.	国际商务谈判实务精讲	王 慧 唐力忻	26.00 元	978-7-80165-826-5	2011 年 9 月第 1 版
13.	国际会展实务精讲	王重和	38.00 元	978-7-80165-807-4	2011 年 5 月第 1 版
14.	国际贸易实务疑难解答	田运银	20.00 元	978-7-80165-718-3	2010 年 9 月第 1 版

"实用型"国际贸易课程教材

	书名	作者	定价	书号	出版时间
1.	外贸跟单实务（第二版）	罗 艳	48.00 元	978-7-5175-0338-5	2019 年 1 月第 2 版
2.	海关报关实务	倪淑如 倪 波	48.00 元	978-7-5175-0150-3	2016 年 9 月第 1 版
3.	国际金融实务	李 齐 唐晓林	48.00 元	978-7-5175-0134-3	2016 年 6 月第 1 版
4.	国际贸易实务	丁行政 罗艳	48.00 元	978-7-80165-962-0	2013 年 8 月第 1 版

中小企业财会实务操作系列丛书

	书名	作者	定价	书号	出版时间
1.	做顶尖成本会计应知应会 150 问（第二版）	张 胜	48.00 元	978-7-5175-0275-3	2018 年 6 月第 2 版
2.	小企业会计疑难解惑 300 例	刘华 刘方周	39.80 元	978-7-80165-845-6	2012 年 1 月第 1 版
3.	会计实务操作一本通	吴虹雁	35.00 元	978-7-80165-751-0	2010 年 8 月第 1 版

2019 年中国海关出版社有限公司乐贸系列

新书重磅推荐 >>

《从零开始学外贸》

作者：外贸人维尼
定价：58 元
书号：978-7-5175-0382-8
出版日期：2019 年 10 月第 1 版

内容简介

本书从开发客户、谈判订单到处理售后等方面介绍了外贸知识，能让人系统地、整体性地展开学习。无论是初入职场的外贸新人，还是想要转行做外贸的职场人，只要对外贸感兴趣，都可以通过本书的学习获得提升。

1. 采用"手把手"的教学模式，理论和案例相结合，有助于从零开始学外贸；

2. 不仅包含新人入门应该了解的外贸知识，而且包含最新的外贸思维和外贸技巧；同时还结合时下热点对外贸形势进行了分析。

3. 从开发客户、谈判订单到处理售后等方面，介绍了基础知识，进行了深层次的剖析，能让读者系统地、整体性地展开学习；

4. 专业的分析和真实的外贸经验总结，能给读者带来实实在在的帮助。